Le journal de Sara

Kathy Kacer

Traduit de l'anglais
par Hélène Rioux

la courte échelle

Les éditions de la courte échelle inc.
5243, boul. Saint-Laurent
Montréal (Québec) H2T 1S4
www.courteechelle.com

Traduction : Hélène Rioux

Révision : Leïla Turki

Conception graphique de l'intérieur : Kuizin Studio

Dépôt légal, 2ᵉ trimestre 2010
Bibliothèque nationale du Québec

Édition originale: *The diary of Laura's twin*

La courte échelle reconnaît l'aide financière du gouvernement du Canada par l'entremise du Programme d'aide au développement de l'industrie de l'édition pour ses activités d'édition. La courte échelle est aussi inscrite au programme de subvention globale du Conseil des Arts du Canada et elle reçoit l'appui du gouvernement du Québec par l'intermédiaire de la SODEC. La courte échelle tient également à remercier le gouvernement du Canada de son soutien financier pour ses activités de traduction dans le cadre du Programme national de traduction pour l'édition du livre.

La courte échelle bénéficie du Programme de crédit d'impôt pour l'édition de livres – Gestion SODEC – du gouvernement du Québec.

Catalogage avant publication de Bibliothèque et Archives nationales du Québec et Bibliothèque et Archives Canada

Kacer, Kathy, 1954-

   [Diary of Laura's twin. Français]

   Le journal de Sara

   Traduction de: The diary of Laura's twin.
   Pour enfants de 9 ans et plus.

   ISBN 978-2-89651-282-9

   1. Holocauste, 1939-1945 - Pologne - Varsovie - Romans, nouvelles, etc. pour la jeunesse. I. Rioux, Hélène, 1949-   . II. Titre. III. Titre: Diary of Laura's twin. Français.

PS8571.A33D5214 2010   jC813'.54   C2010-940962-0
PS9571.A33D5214 2010

Imprimé au Canada

Kathy Kacer

Diplômée en psychologie, Kathy Kacer a travaillé auprès des adolescents. Depuis 1998, elle se consacre à l'écriture. Elle est l'auteure d'une série de livres inspirés de l'Holocauste. Elle a remporté plusieurs prix et a été finaliste du prix Hackmatack. Ses livres sont publiés dans de nombreux pays, dont l'Allemagne, l'Angleterre, la Belgique, la Slovaquie, la Chine, la Thaïlande et le Japon.

De la même auteure à la courte échelle

Romans hors collection
Les espions de la nuit
L'histoire d'Édith
Le journal de Sara

Consultez les fiches séries et les fiches d'accompagnement au
www.courteechelle.com

Le journal de Sara

Kathy Kacer

Traduit de l'anglais
par Hélène Rioux

la courte échelle

À Gabby Samra et à
Dexter Glied-Beliak,
qui font vivre la mémoire.

Introduction

Le 10 janvier 1943
Je m'appelle Sara Gittler et j'ai treize ans et demi.
J'habite ici, dans le ghetto de Varsovie, depuis plus d'un an.
Pouvez-vous imaginer la vie derrière des fils barbelés et de
hauts murs ? Personne ne peut sortir et personne ne peut
entrer. Des milliers de Juifs vivent ici — si on peut appeler
ça vivre. Mais ce n'est pas vraiment la vie. Pour moi, vivre
signifie qu'on est libre, qu'on peut aller où l'on veut et faire
ce que l'on désire. Ici, nous sommes tout sauf libres. Je ne
peux pas aller à l'école, je n'ai pas de parc où jouer, j'ai si
peu à manger que j'ai toujours faim. Ce que je veux dire,
peut-être, c'est qu'ici nous nous contentons d'exister, ma
famille, moi et les autres Juifs. Nous sommes dans les
limbes, nous prions pour que les choses s'améliorent,
nous espérons juste que la situation ne se détériorera pas.

Un jour, j'ai lu l'histoire d'un oiseau qui a vécu en
cage pendant des années, jusqu'au moment où quelqu'un
l'a libéré. Il a alors ouvert ses ailes et il s'est envolé vers le
ciel, porté par un courant d'air, jouissant du moment merveilleux de sa délivrance. Mais, un chat affamé l'observait

à son insu derrière un arbre. Quelques secondes plus tard, le chat a bondi dans les airs, a attrapé l'oiseau et l'a tué. Vous pensez peut-être que la mort de l'oiseau est le passage le plus triste de cette histoire. Ce n'est pourtant pas cela qui m'a chagrinée. Ce qui m'a surtout attristée, c'est que l'oiseau ait été en cage.

Je rêve de marcher dans une rue achalandée et de m'arrêter dans un café pour manger de la crème glacée et du gâteau. Je rêve de fréquenter une vraie école et de m'asseoir dans la première rangée de la classe, d'où j'écouterais chaque mot prononcé par le professeur. Je rêve de m'acheter une robe neuve ou peut-être dix. Je rêve surtout de devenir une auteure célèbre, d'écrire des histoires que tout le monde lira. Je rêve que personne n'oublie mon nom. J'ai écrit des douzaines d'histoires et elles sont toutes dans ce journal. Elles racontent ma vie dans le ghetto, celle des membres de ma famille et celle de mes amis les plus proches. C'est mon enfance. Je ne mérite pas d'être ici. Je n'ai rien fait de mal. Mon seul crime, c'est d'être née juive, et c'est pour ça qu'on m'a condamnée et emprisonnée.

Si vous lisez mes histoires, c'est que vous avez trouvé l'endroit secret où je les laisse. Et c'est que je ne suis pas ici pour les lire avec vous, pour vous raconter ma vie et partager mes souvenirs. Mes histoires décrivent ma vie, elles parlent pour moi. Je vous en prie, ne m'oubliez pas.

Sara Gittler

Chapitre 1

Entendre tout le monde lui répéter qu'elle devenait adulte lui faisait peur.

—Tu es une grande fille, maintenant, lui disait sa mère, l'air songeuse et un peu triste.

—Tu comprends que, dorénavant, tu seras plus responsable de tes actes, ajoutait plus gravement son père.

C'était accablant. Il y avait ces jalons, ces étapes, qui marqueraient sa vie, et elle avait hâte de les franchir. Ils étaient comme les saisons ou les anniversaires, mais encore plus agréables, plus importants. À seize ans, elle pourrait conduire ; à dix-huit ans, elle pourrait voter. Mais, à douze ans, Laura Wyman était sur le point de célébrer sa Bat Mitzvah —la cérémonie marquant le passage à l'âge adulte des jeunes filles juives.

Qu'est-ce que ça signifie réellement, passer à l'âge adulte ? se demandait-elle. C'était bon de se voir accorder plus de liberté d'une année à l'autre. Elle pouvait prendre le métro plus souvent et aller au centre commercial sans faire de rapport à sa mère toutes les heures ! Mais il y avait sûrement plus que le métro et les centres commerciaux dans sa vie. On aurait dit que chacun s'attendait à ce que sa Bat Mitzvah soit un moment magique, comme si tout ce qu'elle avait réalisé jusque-là n'avait été qu'un entraînement pour parvenir à l'âge adulte et que, à partir de là, tout serait réel. Allait-elle se sentir complètement différente en se réveillant le lendemain de la fête ? Adieu, Laura la petite fille ! Bonjour, Laura la jeune femme ! C'était sérieux, et cela commençait avec la cérémonie.

Il y aurait d'abord un service à la synagogue. Debout sur l'estrade, Laura lirait des passages de la Torah, le rouleau hébreu d'écritures bibliques. Ensuite, ce serait la fête. Tous ses compagnons de classe seraient là, de même que ses cousins et ses cousines, ses oncles et ses tantes, des amis de la famille et les associés « d'affaires » importants de son père. Laura ne pensait pas trop aux amis de ses parents : ceux-ci pouvaient bien inviter qui ils voulaient. Elle pensait plutôt à sa famille et elle voulait que ses camarades d'école passent les meilleurs moments de leur vie. Il y aurait un D.J. et des tonnes de cadeaux — des articles de sport et d'autres prix qui seraient remis aux meilleurs danseurs. Laura espérait recevoir des présents fabuleux.

Tout cela aurait lieu dans moins d'un mois. Laura devait auparavant terminer ses cours d'hébreu en vue du service à la synagogue. Avec les autres garçons et filles qui étudiaient pour célébrer leur Bar ou leur Bat Mitzvah, Laura assistait à ces cours deux fois par semaine, après l'école, et ce, depuis un an. Il y a beaucoup à apprendre quand on se prépare à devenir adulte ! Luttant pour rester éveillée, Laura comptait les minutes la séparant de la fin du cours, quand elle pourrait enfin rentrer chez elle. Le rabbin parlait, et Laura repoussa ses notes en se concentrant.

—J'ai un devoir très important à vous confier, commença le rabbin. Cela implique du travail supplémentaire, mais je vous assure que c'est très sérieux. Ce travail enrichira beaucoup votre expérience de Bar ou de Bat Mitzvah.

Laura n'en croyait pas ses oreilles. Un autre devoir ? Impossible ! Elle était déjà débordée. Il y avait un travail de géographie à terminer pour l'école, et un autre roman à lire et à analyser, sans compter l'examen de sciences deux semaines plus tard. Et ce n'était que son travail scolaire. Il y avait aussi les séances d'entraînement de volley-ball —la finale allait avoir lieu dans quelques semaines, et elle devait s'entraîner trois fois par semaine plutôt que deux. Qui plus est, elle avait promis à sa mère de garder Emma, sa petite sœur de cinq ans, cette fin de semaine là. Elle avait déjà tellement de pain sur la planche, sans compter le surcroît de travail que lui donnait son cours d'hébreu !

Laura poussa un grognement à la pensée de tout ce qui l'attendait. Un garçon assis devant elle se retourna pour lui lancer un regard perplexe.

—Hé ! ça ne va pas ? Tu es malade ?

Gênée, Laura sentit une bouffée de chaleur lui

monter au visage. Il s'appelait Daniel et il était très mignon, avec ses yeux noirs et son beau sourire. En temps normal, Laura aurait été ravie d'attirer son attention. En ce moment, elle aurait toutefois préféré qu'il regarde ailleurs. Elle secoua la tête. Malade? Non. Désespérée? Oui.

—Nous sommes à mettre au point un nouveau projet ici, à notre synagogue, un projet de parrainage, disait le rabbin. Cela signifie que chacun d'entre vous devra se renseigner sur un jeune de son âge qui a péri pendant l'Holocauste. Des six millions de Juifs qui sont morts pendant l'Holocauste, un million et demi étaient des enfants. Un grand nombre de ceux-ci n'ont jamais eu la possibilité de célébrer leur Bar ou Bat Mitzvah comme vous le faites maintenant. Ce projet de parrainage vous donnera la possibilité de le faire en leur nom.

Laura remua sur sa chaise et ferma les yeux en essayant d'inspirer profondément. Passer du temps à apprendre l'hébreu pour les prières qu'elle devrait réciter à la synagogue ne présentait aucune difficulté pour elle. Elle apprenait vite, et elle aimait déchiffrer les lettres et les mots en hébreu; c'était comme essayer de décoder une langue secrète. Ses parents se demandaient avec inquiétude comment elle allait s'en tirer en hébreu, mais elle savait qu'elle se montrerait à la hauteur. À présent, voilà que le rabbin lui demandait d'ajouter quelque chose à son programme déjà trop chargé.

— Bien, je suis sûr que vous vous demandez tous ce que cela implique. Je vais vous l'expliquer.

Le rabbin poursuivit en disant qu'ils auraient tous une recherche à entreprendre sur un garçon ou une fille de leur âge ayant vécu à l'époque de la Deuxième Guerre mondiale et de l'Holocauste, dans les années 1930 et 1940. Ils devraient découvrir qui étaient ces enfants et leurs familles, où ils se trouvaient pendant la guerre et ce qu'il leur était arrivé. Il précisa qu'il pouvait s'agir de membres de leur famille, ou encore de parents de personnes de la synagogue ou de la communauté.

— Il y a aussi ceux qui ont survécu à l'Holocauste, qui sont encore vivants et qui n'ont jamais eu la chance de célébrer leur Bar ou Bat Mitzvah dans leur jeunesse. Vous pourriez même entrer en contact avec un de ces survivants et voir si cette personne aimerait participer au projet de parrainage avec vous.

Le jour de sa Bar ou Bat Mitzvah, chaque élève de la classe de Laura présenterait un texte sur l'enfant de l'Holocauste qu'il avait parrainé et lui rendrait hommage d'une façon éloquente.

— C'est un privilège de célébrer votre passage à l'âge adulte et une grâce de partager ce jour avec un enfant qui n'a jamais eu les mêmes chances que vous, conclut le rabbin en distribuant des feuillets explicatifs sur le programme. Ce projet enrichira votre propre cérémonie et lui donnera plus de sens. J'espère que vous le prendrez au sérieux et je reste à la disposition de tous ceux et celles qui ont besoin d'informations supplémentaires.

Laura voulait certes que sa Bat Mitzvah soit personnelle et significative, qu'elle soit plus qu'une grande fête, même si elle avait l'intention d'y prendre plaisir. Elle avait longtemps réfléchi à ce que cet événement représentait réellement pour elle, et elle entendait montrer qu'elle le prenait au sérieux. Elle avait donc eu l'idée de recueillir de l'argent pour l'Afrique.

Elle avait lu sur l'importance, pour les Africains, d'avoir accès à de l'eau potable. Les enfants contractaient d'horribles maladies en buvant de l'eau impropre à la consommation. Des femmes et des enfants passaient souvent plusieurs heures chaque jour à aller chercher de l'eau aux quelques puits où elle était potable. Laura avait décidé d'agir en recueillant de l'argent destiné à l'African Well Fund. Ce projet l'avait emballée. Presque chaque jour après l'école, elle était allée solliciter des dons auprès des gens de son quartier et même un peu plus loin. En deux mois, elle avait amassé presque mille dollars. Elle avait envoyé cette somme à l'organisation africaine. Au fond de son cœur, elle savait qu'elle avait accompli une action méritoire. Elle avait reçu une lettre de remerciement d'enfants africains, lettre qu'elle avait encadrée et accrochée à un mur de sa chambre.

C'était ce que sa Bat Mitzvah signifiait pour elle : qu'il ne fallait pas regarder en arrière, mais en avant, et voir ce qu'on pouvait faire pour sa communauté. On ne peut changer le passé, pensait Laura. Mais on peut changer l'avenir.

D'ailleurs, elle connaissait déjà beaucoup de choses sur l'Holocauste. Elle avait fait un travail scolaire sur ce sujet l'année précédente, en sixième année. Cela avait été très difficile. Chaque fois qu'elle devait lire quelque chose au sujet d'une personne tuée pendant la guerre, son cœur se serrait, et elle pouvait à peine terminer sa lecture. C'était trop dur de penser que certains enfants n'avaient jamais vécu d'événements heureux, qu'ils n'avaient jamais eu ce qu'elle avait la chance de posséder. Elle avait terminé son travail de peine et de misère, et cela suffisait. Dans son esprit, il n'y avait rien d'autre à apprendre. Comment une recherche sur un autre enfant mort pourrait-elle ajouter quoi que ce soit à sa Bat Mitzvah? se demandait-elle. À ses yeux, la guerre était de l'histoire ancienne.

Elle pouvait peut-être demander à ses parents d'appeler le rabbin pour lui expliquer qu'elle avait déjà réalisé un projet communautaire important en recueillant des fonds pour le puits et que son horaire était trop chargé pour lui permettre de faire un autre devoir. Mais une partie d'elle ne voulait pas impliquer ses parents. Dans son for intérieur, elle savait qu'ils trouveraient l'idée merveilleuse. Qui plus est, ils pouvaient même se mettre en tête de donner encore plus d'ampleur au projet — insister pour qu'elle effectue plus de recherches, communique avec d'autres personnes, écrive des lettres aux musées… À cette pensée, elle sentit un vent de panique souffler sur elle. Non, il valait mieux laisser ses parents en dehors de tout ça. En premier lieu, elle essaierait de parler au rabbin.

Le cours s'achevait. Laura fourra vite ses papiers dans son sac à dos et se dirigea vers le rabbin à l'avant de la salle.

—Excusez-moi, rabbin Gardiner...

Celui-ci rassemblait ses livres. Il s'arrêta, s'assit au bord du bureau et enleva ses lunettes.

—Je crois que ce projet va me causer un problème, commença Laura. Je suis déjà débordée de travail, vous voyez, et ma Bat Mitzvah aura lieu dans trois semaines seulement. Je suis très occupée... trop occupée pour entreprendre quoi que ce soit d'autre.

Son ton était peu convaincant, geignard, même à ses propres oreilles. « Bon, pensa-t-elle, désespérée. Ça ne marche pas. Je vais essayer autrement. » Après avoir inspiré profondément, elle reprit :

—Avec mes parents, j'ai déjà choisi le genre de projet auquel je vais me consacrer pour ma Bat Mitzvah.

C'était mieux ainsi, pensa-t-elle. Parler de choix paraissait plus adulte.

—C'est pourquoi j'ai recueilli des fonds pour l'Afrique. D'ailleurs, je ne connais personne qui a vécu l'Holocauste ; du moins, je ne connais personnellement personne.

Les parents de Laura étaient nés au Canada, de même que ses grands-parents. Quelques parents éloignés —qu'elle ne connaissait pas —étaient bien venus de Russie ou de quelque autre pays. Mais cela faisait des siècles. Bon, peut-être pas des siècles, mais très longtemps. À part les livres d'histoire qu'elle avait lus, Laura n'avait aucun lien personnel avec l'Holocauste.

—Alors, comme vous voyez, même si je comprends l'importance de se rappeler l'Holocauste, je pense que ce projet n'est tout simplement pas pour moi, conclut-elle dans un murmure.

Elle resta timidement debout devant le rabbin. Il comprendrait sûrement la situation. C'était un homme raisonnable. En fait, le rabbin Gardiner était plutôt sympa. Il était jeune, plus jeune que le père de Laura, et il jouait même de la guitare. Il ne ressemblait pas du tout aux vieux rabbins qu'elle avait vus dans d'autres synagogues ou à ceux qui posaient sur d'anciennes photos, avec leur longue barbe blanche et leurs épaules voûtées. Il comprendrait la situation.

Il l'observa attentivement, la tête penchée d'un côté. Pour finir, il remit ses lunettes, prit une feuille sur son bureau, la parcourut des yeux, puis regarda Laura.

—Je comprends ce que tu me dis. Et tu ne dois pas croire que je suis incapable de mesurer à quel point tu es occupée et d'apprécier le travail que tu as déjà accompli. Mais je te demande une faveur. J'aimerais que tu entres en contact avec une femme. Son nom et son numéro de téléphone sont écrits sur cette feuille.

—Qui est-ce ? demanda Laura en prenant la

feuille que lui tendait le rabbin.

—C'est une personne très intéressante, une dame âgée qui serait peut-être en mesure de te faire voir les choses d'un nouveau point de vue. J'aimerais que tu lui rendes visite, juste une fois. Si tu ne souhaites pas poursuivre après cette visite, je comprendrai. Mais promets-moi d'y aller une fois et d'écouter ce qu'elle a à te dire.

Laura jeta un coup d'œil à la feuille, puis regarda le rabbin. Elle détestait les mystères, et le rabbin se montrait particulièrement mystérieux.

—Elle attendra ton appel. Tu iras?

Laura poussa un soupir. Une visite ne l'engageait à rien. Elle pouvait au moins faire ça. Elle hocha la tête et, son sac à dos sur les épaules, elle se dirigea vers la porte.

Chapitre 2

—Explique-moi encore cette affaire de « parrainage ». Ce n'est pas comme si tu avais vraiment eu une filleule pendant la Deuxième Guerre mondiale. Ne me dis pas que c'est une de ces expériences bizarres de vie après la mort.

Laura se dirigeait vers l'école avec sa meilleure amie, Nix — Nicole Wilcox. Elles se connaissaient depuis des années, depuis l'école maternelle, en fait, mais elles n'étaient devenues proches que cette année, en secondaire 1. Le premier jour dans la nouvelle école avait été un cauchemar pour Laura, et c'était Nix qui s'était portée à son secours quand elle s'était perdue dans le labyrinthe de corridors et d'escaliers alors qu'elle allait à son premier cours. « Le truc, c'est de suivre un élève de secondaire 3 et de faire semblant de savoir où on va. Tout est une question d'attitude », avait dit Nix sur le ton de la confidence en agrippant le bras de Laura et en l'orientant dans la bonne direction.

Cela avait scellé leur amitié et, depuis ce jour, les deux filles étaient devenues inséparables. Nix était grande, blonde, jolie — tout le monde le pensait — et elle avait des yeux gris-bleu pétillants. Tout le contraire de Laura, avec ses cheveux noirs et raides, ses yeux brun foncé. Nix était sportive, alors que Laura aimait l'étude. Nix était exubérante et elle ne mâchait pas ses mots, tandis que Laura était silencieuse et timide. Mais, comme amies, elles allaient parfaitement ensemble, et leurs personnalités se complétaient. « Vous êtes comme le beurre d'arachide et la confiture, disait souvent le père de Laura en plaisantant. Chacun est bon tout seul, mais est encore meilleur quand on le mélange à l'autre. »

— Ça n'a rien de bizarre, évidemment, soupira Laura en consultant sa montre pour s'assurer qu'elles ne seraient pas en retard à l'école.

Elle se faisait un point d'honneur d'arriver à l'heure, ce qui avait le don d'exaspérer Nix, toujours en retard.

— Je ne suis pas une vraie marraine, reprit Laura. C'est juste une façon de se rappeler une personne morte pendant la guerre.

— L'an dernier, un vétéran est venu nous raconter comment il a combattu pendant la Deuxième Guerre mondiale, dit Nix. Il a reçu un genre de médaille pour avoir participé au débarquement de Normandie, en France. Il a dit qu'il avait passé plus d'un an loin de chez lui et de sa famille. Mais c'était tellement romantique ! Il avait toujours su qu'il retrouverait sa femme, même si c'était dangereux et si on ne cessait de lui tirer dessus, conclut Nix en rejetant la tête en arrière d'un air théâtral.

—C'est vrai. Sauf que je parle d'enfants juifs qui ont vécu la guerre, et il n'y a rien là de romantique. Ils n'ont jamais eu la possibilité de se défendre, et leurs parents non plus. La plupart d'entre eux ont été tués.

La famille de Nix était anglicane. Laura avait parfois l'impression de devoir expliquer les fondements de l'histoire et de la religion juives à son amie. Nix devait, elle aussi, lui expliquer les pratiques anglicanes. La première fois que Laura était entrée dans une église, c'était quand elle avait assisté à une messe de minuit avec la famille de Nix le Noël précédent. Il faisait sombre ; la seule lumière venait de douzaines de bougies, qui projetaient des ombres mordorées sur les bancs et sur la chaire. C'était très beau et, à la fin de la célébration, Laura était allée chez Nix pour admirer l'arbre de Noël orné de boules argentées, de lumières multicolores et de glaçons. La mère de Nix lui avait expliqué que certains de ces ornements étaient dans la famille depuis plus de cinquante ans.

—Je sais ce qui s'est passé pendant la guerre, dit Nix. J'ai lu *Le journal d'Anne Frank* l'été dernier. Je déteste penser à ce qu'Anne Frank a dû ressentir en étant incapable de sortir de cette cachette pendant deux ans. À sa place, je serais devenue folle. Et je n'arrivais pas à croire que les soldats aient fait irruption dans la cachette pour arrêter toute sa famille. La guerre était presque finie, je veux dire, et j'étais sûre qu'Anne allait s'en sortir. J'ai failli pleurer quand j'ai lu ce qui lui était arrivé… Hé ! veux-tu venir chez moi après l'école ? J'ai reçu un scanner fantastique et un nouveau logiciel qui permet de retoucher les photos. On peut faire presque n'importe quoi, comme dessiner des moustaches aux gens !

Éberluée, Laura regarda fixement son amie, puis sourit. C'était incroyable d'entendre Nix passer, presque du même souffle, d'Anne Frank au matériel informatique.

—Impossible, répondit-elle. Je suis censée aller voir une vieille dame qui va me donner de l'information sur cette histoire de parrainage.

Laura n'était pas encore sûre d'entreprendre ce projet. Mais, la veille au soir, comme promis au rabbin, elle avait téléphoné à la dame dont il lui avait donné le nom, Mme Mandelcorn. Elle s'était sentie déconcertée, parce que Mme Mandelcorn ne semblait pas comprendre ce qu'elle lui demandait. À dire vrai, Laura non plus. Si elle parlait assez bien l'anglais, Mme Mandelcorn avait un gros accent, et Laura avait eu peine à saisir tout ce qu'elle lui disait. Il y avait donc eu de longs silences pendant lesquels chacune attendait que l'autre prenne la parole. Laura voyait de moins en moins l'intérêt d'aller rencontrer cette femme. « Viens me voirrr demain, et nous parrrlerons », avait finalement dit Mme Mandelcorn. Encore une fois, Laura rentrerait tard chez elle plutôt que de faire ce qu'elle devait faire. Mais avait-elle le choix ? Une promesse est une promesse, surtout quand on la fait à un rabbin.

—Où vas-tu ce soir, et pourquoi ne m'as-tu pas invité ?

Nix et Laura se tournèrent vers leur ami Adam Segal, qui s'approchait. Si Nix était la meilleure amie de Laura, Adam était comme son frère. Laura lui décrivit rapidement le projet de parrainage et sa prochaine visite à Mme Mandelcorn.

—Je ne sais pas quoi faire. J'ai fini un travail pour ma Bat Mitzvah et je n'ai pas de temps pour un autre.

—Ça a l'air plutôt sympa, dit Adam en balayant d'un geste les cheveux qui lui tombaient sur le front et en ajustant ses lunettes.

Il portait fièrement des lunettes rondes bleutées à la John Lennon, sa touche personnelle. En fait, Adam était au courant de tout ce qui concernait les Beatles ; c'était une encyclopédie ambulante de faits et de détails anodins à leur sujet. Il savait tout : où et quand chacune de leurs chansons avait été chantée, les statistiques sur chacun des membres du groupe... « J'aurais dû naître dans les années soixante », avait-il coutume de dire en plaisantant.

—Mon grand-père a connu l'Holocauste, reprit-il.

Laura l'ignorait. Elle jeta un regard à son ami.

—Ouais, dit-il. Il n'avait que quinze ans quand toute sa famille a été envoyée à un camp de concentration. Il est le seul survivant.

Laura n'avait pas envie d'entendre ça. Elle consulta de nouveau sa montre.

—Qu'est-ce que ça a à voir avec ma visite à Mme Mandelcorn ? demanda-t-elle, impatiente.

—Écoute, poursuivit Adam. Il me parle sans arrêt de ce qui est arrivé à sa famille et à lui. Ses histoires sont inimaginables... et plutôt terrifiantes.

Était-ce un peu pour ça ? se demanda Laura. Avait-elle peur, elle aussi, de creuser dans une époque de l'histoire où la vie avait été si terrifiante pour le peuple juif ? Les images qu'elle avait vues quand elle faisait sa recherche pour son travail sur l'Holocauste lui avaient fait perdre le sommeil pendant plusieurs jours. La répugnance qu'elle éprouvait devant le projet de parrainage ne s'expliquait peut-être pas uniquement par son emploi du temps chargé ni parce qu'elle avait déjà terminé un projet communautaire. Non, peut-être craignait-elle aussi d'éprouver trop de tristesse en apprenant comment était mort un enfant de son âge.

Laura secoua la tête. Non, ce ne pouvait être ça. Elle avait déjà fait un choix en ce qui concernait sa Bat Mitzvah. Elle s'était fixé des objectifs pour l'avenir et n'avait pas envie de fouiller dans le passé.

—Mon grand-père dit toujours que c'est très important de parler de ce qui est arrivé aux Juifs pendant la guerre, insista Adam, qui ne lâchait pas prise.

—Hé ! tu m'écoutes ? demanda Laura, sur le point d'exploser. J'ai fini mon projet. C'était très intéressant, et j'ai travaillé vraiment fort. Je ne me suis pas contentée de faire la conversation.

Elle lança un regard sombre à Adam. Il commençait à parler comme le rabbin Gardiner... ou comme son père. Personne ne comprenait donc à quel point elle était sous pression ?

—Essaie, c'est tout, dit Adam. On ne sait jamais ce qui peut arriver.

Rejetant la tête en arrière, il se mit à fredonner *We all wanna change the world**. Puis, il se tut et esquissa un sourire.

—C'est ce que disait John.

La cloche était sur le point de sonner. Le mouvement s'accéléra dans la cour d'école. Une foule de garçons et de filles se bousculaient à la porte pour se rendre au premier cours. Adam fit le signe de la paix, puis il fonça vers l'escalier et entra dans l'édifice.

—Appelle-moi, dit Nix.

Elle disparut au milieu d'élèves en route vers leur classe.

Immobile, Laura regardait la bousculade. Elle devait se libérer de la sensation qui l'oppressait. Peut-être que tout se passerait bien chez la vieille dame. Peut-être qu'elle obtiendrait A à tous ses prochains tests et travaux scolaires. Peut-être qu'elle gagnerait à la loterie et qu'elle s'incarnerait en dix personnes différentes !

* *Nous voulons tous changer le monde.* NDLT

Chapitre 3

Laura se trémoussait, mal à l'aise, pendant que sa mère continuait son monologue en la conduisant chez Mme Mandelcorn.

—Au début, tu auras peut-être de la peine à comprendre cette dame, mais tu vas t'habituer à sa façon de parler. C'est comme ma tante Yvonne. À présent, je ne remarque presque plus son accent allemand.

Sa mère avait tenu à la conduire chez Mme Mandelcorn, même si Laura aurait préféré s'y rendre en autobus ou à vélo. Une longue randonnée à bicyclette l'aurait aidée à clarifier ses idées et à se préparer à cette rencontre. Mais sa mère n'en démordait pas, et Laura avait dû céder.

Moins sa mère s'impliquerait dans ce projet, mieux ce serait. Laura lui était, bien sûr, reconnaissante de tout ce qu'elle faisait. Reine du covoiturage, elle conduisait toujours Laura et ses amis partout où ils voulaient aller, réorganisant souvent son propre programme pour l'adapter au leur. « J'ai parfois l'impression d'être née avec un volant dans les mains », plaisantait-elle souvent.

Laura aimait sortir avec sa mère. Toutes deux raffolaient de films de fille bébêtes que son père n'aurait jamais voulu voir. Et c'était —habituellement —fantastique de parler avec elle, c'est-à-dire quand elle ne se mêlait pas trop des affaires de Laura. Hélas ! comme celle-ci l'avait craint, sa mère commençait à donner au projet de parrainage plus d'importance que Laura ne l'aurait souhaité. « Je ne vais rendre qu'une seule visite à cette dame, avait-elle insisté en expliquant le projet à ses parents et en leur montrant le feuillet explicatif du rabbin Gardiner. Elle pourra peut-être me raconter l'histoire d'un enfant de l'Holocauste. Je pourrai la combiner avec le matériel de ma recherche de l'an dernier. »

Ce serait comme ça : simple et direct. Mais la mère de Laura voyait les choses autrement.

—Ce serait fascinant de pouvoir faire des recherches en me servant de mon arbre généalogique, dit-elle, enthousiaste. J'ai des parents éloignés en Autriche et en République tchèque, des cousins de ta défunte grand-mère. Leurs parents et eux ont survécu à l'Holocauste. Je m'aperçois maintenant que nous n'avons pas assez parlé de cette époque avec toi, continua-t-elle à voix plus basse, en jetant un coup d'œil, dans le rétroviseur, sur la sœur de Laura, assise, tranquille, sur la banquette arrière. Dans notre famille immédiate, personne n'a vécu l'Holocauste. Tes grands-parents sont nés ici et ils n'ont jamais connu la guerre en Europe. Mais je me rends compte à quel point cette histoire est importante pour nous tous. Il y a des années que je n'ai pas communiqué avec mes parents éloignés mais, si tu leur écrivais et leur expliquais ton projet, tu pourrais parler d'eux dans ton texte…

—Arrête, maman. Ma Bat Mitzvah a lieu dans quelques semaines. Et je ne rendrai qu'une seule visite à Mme Mandelcorn !

—Je reviendrai dans une heure, reprit sa mère en arrêtant la voiture devant l'entrée d'un petit immeuble de quelques étages. Je vais acheter des chaussures à Emma.

—Je veux des baskets avec des lumières qui s'allument, couina la petite sœur de Laura à l'arrière de la voiture.

Elle avait une tignasse noire qui se soulevait et qui retombait chaque fois que la voiture frappait un obstacle sur la route.

—Des roses, Em ? demanda Laura en souriant.

Emma hocha frénétiquement la tête.

—Des rose et jaune. Et après, de la crème glacée.

—Seulement si tu es sage, Emma. C'est ce que je t'ai dit, coupa leur mère d'un air soucieux. C'est bien ici ?

Laura consulta sa feuille de papier.

—Mmm. 250, rue Morton, appartement 301.

C'était un immeuble d'aspect modeste dans un quartier tranquille de la ville.

—Je devrais peut-être monter avec toi pour m'en assurer.

—C'est ici, fit Laura en secouant la tête. Je

t'appellerai s'il y a un problème.

Elle détestait l'attitude surprotectrice de sa mère et ne voulait pas être traitée comme une enfant de l'âge d'Emma.

—Sois polie, lui recommanda sa mère. Et patiente même si, au début, tu ne comprends pas tout ce qu'elle te dit.

—Je sais, je sais.

Laura voulait juste que sa mère gare la voiture, se taise et la laisse aller.

—Et n'oublie pas de la remercier d'avoir pris le temps de parler avec toi.

—Au revoir, maman. Amuse-toi bien, Emma.

Laura prit son sac à dos et sortit de la voiture. Elle attendit le départ de sa mère pour aller à la porte de l'immeuble. Après avoir lu les noms inscrits sur la plaque à l'entrée, elle appuya sur une sonnette. Quelques secondes passèrent, puis une petite voix chevrotante résonna par l'interphone.

—Oui?

—Heu… bonjour. Mme Mandelcorn? Je suis Laura Wyman. Je vous ai téléphoné hier.

Après quelques secondes, un bourdonnement se fit entendre.

La porte de l'appartement de Mme Mandelcorn était ouverte quand Laura sortit de l'ascenseur au troisième étage. Il n'y avait personne. Laura s'arrêta, puis elle frappa à la porte.

—Bonjour… Mme Mandelcorn? Heu… c'est Laura.

Et maintenant, quoi? se demanda-t-elle. Elle avança prudemment la tête et parcourut du regard l'appartement désert.

—Oui, bonjour, répondit une voix venant d'une autre pièce. Entre, je t'en prie. Je ne suis pas encore tout à fait prête. Installe-toi. J'arrive dans un moment.

Pourquoi les gens sont-ils toujours en retard? se demanda Laura en soupirant. Elle franchit le seuil et regarda autour d'elle. L'appartement était surchargé de meubles: il y avait des canapés, des chaises, une table de salle à manger, un vaisselier en chêne gravé... En plus des meubles, il y avait une foule de sculptures en bois, une collection de vases et de pots de fleurs, des statuettes en porcelaine et des figurines de tailles et de formes variées. Tout cela rappelait les magasins d'antiquités remplis de bric-à-brac dont sa mère raffolait. Deux énormes bibliothèques dominaient un coin du salon. Les étagères ployaient sous le poids de douzaines de bouquins — des livres reliés et des formats de poche qui se bousculaient et s'appuyaient l'un contre l'autre comme les passagers d'un wagon de métro bondé. Un vieux piano droit occupait un autre coin; il était orné de photos de famille dans des cadres dorés, argentés ou en bois. Des photos étaient accrochées aux murs de l'appartement, ainsi que des peintures et des dessins au crayon. Laura s'arrêta devant un tableau particulièrement beau représentant un coucher de soleil sur un lac. Il était tout seul sur un mur.

—Je crains d'être une collectionneuse de *tchotchkes*.

Laura se retourna vivement. Une petite femme âgée entrait dans la pièce.

—Je suis désolée d'être en retard — une mauvaise habitude, je le crains. Je suis très heureuse de faire ta connaissance, Laura.

Mme Mandelcorn portait un élégant pantalon noir et un chandail rouge. Ses cheveux courts avaient été brossés derrière ses oreilles. D'après la voix entendue au téléphone, Laura avait imaginé une vieille dame frêle et faible. Mais Mme Mandelcorn paraissait forte et vigoureuse malgré sa petite taille. Elle avait un sourire chaleureux qui s'épanouissait jusqu'à ses yeux pétillants.

—Tu connais ce mot, *tchotchkes*? demanda-t-elle en montrant la pièce d'un geste.

Laura secoua la tête. Elle avait cru entendre : « Tou connais ze mot? » Il lui faudrait écouter Mme Mandelcorn avec beaucoup d'attention si elle voulait comprendre ses paroles. Mme Mandelcorn rit doucement, et un réseau de rides se creusa autour de ses yeux noirs.

—Des ornements. De petits jouets. Je n'avais pas grand-chose dans mon enfance, mais j'ai plus que rattrapé le temps perdu.

Laura regarda de nouveau les photos sur les murs.

—Mes enfants, expliqua fièrement Mme Mandelcorn, comme si elle lisait dans ses pensées. Mon fils et ma fille sont tous deux mariés, et j'ai cinq petits-enfants. Ils ne viennent pas me voir assez souvent, mais je ne me plains pas, se hâta-t-elle d'ajouter. Je suis chanceuse de les avoir. Viens t'asseoir, Laura.

Mme Mandelcorn prononça le nom en roulant le *r*, prolongeant le son comme une note de musique — *Laurrrrra*. C'était à la fois doux et chantant.

Après avoir repoussé un châle tricoté jeté négligemment sur le canapé, elle invita Laura à s'asseoir.

— J'ai fait du gâteau au chocolat. Tous les jeunes aiment le chocolat, non ?

Laura fit signe que oui en souriant, et elle accepta une tranche de gâteau et un verre de limonade.

— J'adore cuisiner, mais je n'en ai pas souvent l'occasion, désormais. Combien de gâteau une vieille femme comme moi peut-elle manger ?

— Vous habitez toute seule ? demanda Laura en jetant un regard circulaire.

Mme Mandelcorn secoua la tête.

— Max, mon mari, est décédé il y a plusieurs années. Ma sœur cadette est alors venue vivre avec moi. Elle n'est pas ici en ce moment.

— Moi aussi, j'ai une petite sœur, dit Laura, cherchant désespérément un sujet de conversation. Elle n'a que cinq ans.

— Ma sœur est ma meilleure amie, reprit Mme Mandelcorn en souriant. Je ne pourrais imaginer ma vie sans elle.

Laura fronça les sourcils. Elle aurait parfois préféré être fille unique et ne pas avoir Emma dans les jambes. Sa petite sœur était mignonne quand elle se conduisait bien mais, d'autres fois, elle se montrait geignarde et tyrannique. Elle avait un de ces jolis visages de porcelaine que tout le monde adore. Et elle profitait de son charme irrésistible chaque fois qu'elle le pouvait. Laura fulminait quand elle voyait ses parents céder à ses caprices.

—Vous avez beaucoup de livres, reprit-elle d'un ton léger. Vous devez aimer lire.

—Les journées ne sont pas assez longues pour que je lise tout ce que je voudrais, répondit Mme Mandelcorn, une étincelle dans les yeux. Tu sais, j'ai enseigné autrefois. J'ai appris l'anglais dans mon enfance, surtout en lisant, et je l'ai enseigné aux adultes qui, comme moi, sont arrivés ici après la guerre. Tu m'imagines enseigner l'anglais, avec mon accent?

Mme Mandelcorn rit de nouveau, et Laura commença à la trouver attachante.

—Où étiez-vous pendant la guerre?

Elle regretta sa question dès que les mots sortirent de sa bouche. Mme Mandelcorn se tut, et une petite ombre traversa ses yeux. Ses épaules se voûtèrent. Elle détourna la tête et fixa le vide quelques instants. C'était, de toute évidence, un sujet délicat.

—Bien, reprit Laura en s'efforçant de briser le silence. Comme je vous l'ai expliqué au téléphone, le rabbin Gardiner m'a donné votre numéro en me disant que vous auriez peut-être des renseignements à me communiquer. Vous voyez, j'ai cette recherche à faire…

Mme Mandelcorn leva la main.

—Oui, Laura. Je sais pourquoi tu es ici et j'ai quelque chose pour toi.

Sans rien ajouter, elle se leva et sortit de la pièce. Laura aurait bien aimé s'en aller, elle aussi. Cette femme était charmante et très gentille, mais il y avait de la tristesse en elle. Elle rappelait à Laura la tante Yvonne que sa mère avait mentionnée dans la voiture. Tante Yvonne n'avait plus jamais été la même après la mort de son mari. Elle fondait en larmes chaque fois que son nom était prononcé. Mme Mandelcorn avait l'air d'être comme ça. Elle essayait de camoufler sa tristesse derrière un sourire, mais Laura sentait l'omniprésence et l'intensité de sa peine.

Un instant plus tard, elle revint dans le salon.

—Je crois que ce que tu veux savoir est là, dit-elle à Laura en lui présentant un petit livre.

Laura tendit la main pour le toucher, mais la retira aussitôt. Quelque chose la rendait mal à l'aise. Elle ne savait pas ce que c'était. Remarquant l'hésitation de la jeune fille, Mme Mandelcorn poussa le livre vers elle.

—N'aie pas peur. Prends-le.

Laura prit le livre et le tourna dans ses mains, le tenant comme si c'était un fragile objet de verre. Il avait une reliure en cuir souple, d'un brun profond, et certains endroits luisaient, tandis que d'autres étaient usés et rugueux, comme si quelqu'un l'avait tenu exactement de la même façon pendant des années. Laura dénoua la ficelle qui l'entourait, ouvrit le livre à la première page et contempla l'écriture enfantine. Il était rédigé dans une langue étrangère mais, au-dessous du titre, les mots *The Diary of Sara Gittler, Warsaw Ghetto, 1941-1943** étaient écrits en anglais.

—À qui appartient-il? demanda Laura.

—Il appartenait à une jeune fille, répondit Mme Mandelcorn. Le texte était en polonais, mais je l'ai traduit en anglais il y a longtemps. L'anglais que j'avais appris dans mon enfance s'est révélé utile, n'est-ce pas?

Encore un mystère, pensa Laura.

—Je ne compr…

—… emporte-le, l'interrompit Mme Mandelcorn. Le rabbin m'a dit que tu cherchais une histoire… le souvenir d'un enfant de l'Holocauste. Tu trouveras peut-être dans ce livre quelque chose qui t'aidera.

Quelques moments plus tard, Laura dit au revoir à son hôtesse et sortit de l'appartement.

Lorsqu'elle émergea de l'immeuble, elle vit que sa mère l'attendait dehors. Était-elle vraiment restée absente une heure? Elle avait l'impression que quelques minutes seulement s'étaient écoulées. Elle demeura silencieuse durant le trajet vers la maison. Sa mère tenta bien de lui poser quelques questions, mais elle ne répondit pas. Emma prit enfin la relève et bavarda joyeusement à propos de ses nouveaux souliers pendant tout le reste du trajet. Pour une fois, Laura était contente d'être distraite par sa petite sœur.

Une fois à la maison, Laura se hâta de s'éclipser

* *Le journal de Sara Gittler, ghetto de Varsovie, 1941-1943.* NDLT dans sa chambre. Elle referma la porte derrière elle et se laissa tomber sur son lit. Elle entendait au loin Emma qui protestait, parce qu'elle ne voulait pas aller se coucher. Sa mère lui parlait, essayant sans doute de conclure une sorte de marché — « Deux histoires, trois câlins, un verre d'eau, puis on éteint la lumière... » Mais Emma ne voulait rien entendre, et elle continua de se lamenter jusqu'à ce que sa mère hausse le ton. Le téléphone de Laura sonna. Ce devait être Nix ou Adam qui voulait savoir comment s'était déroulée sa visite à Mme Mandelcorn. Laura ignora l'appel. Elle s'efforçait de bloquer de son univers tous les bruits et toutes les distractions de la maison. Elle regarda le livre relié en cuir.

Pourquoi hésitait-elle à l'ouvrir ? Elle reconnut le sentiment d'incertitude qu'elle avait éprouvé lorsque le rabbin avait présenté le projet de parrainage ou qu'Adam avait parlé de son grand-père. Elle commençait à comprendre que ce n'était pas seulement à cause du stress et du surmenage. Elle avait, en vérité, toujours eu beaucoup d'activités, et elle s'en sortait à merveille. Ce n'était pas ça. Ce qui l'empêchait de plonger dans ce projet se trouvait là, entre les pages du livre ; une peur croissante au fond de son cœur, la peur de trouver dans ces lignes plus qu'elle ne pouvait en supporter. Était-elle vraiment prête ? Elle avait l'impression de se trouver sur un sommet et de s'apprêter à sauter dans le vide. Sans filet.

Elle frissonna. Il fallait qu'elle chasse cette

impression. Si Adam avait été avec elle, il lui aurait dit de se secouer et de cesser d'être mélodramatique. Il lui aurait cité des paroles des Beatles, *take a sad song and make it better** ou quelque chose du genre. Aux yeux d'Adam, Laura s'en faisait toujours trop, alors que pour lui la vie se résumait à quatre mots : « C'est pas grave. » À cette pensée, Laura sourit et ouvrit le livre relié. Elle le feuilleta en s'arrêtant de temps en temps pour en examiner la calligraphie. La fille qui avait écrit le texte avait une calligraphie parfaite : les lettres étaient formées de façon régulière et tracées avec un soin extrême. Il n'y avait presque pas de ratures. Une date était inscrite au haut de plusieurs pages et, dans les marges, il y avait des dessins tout simples : un chaton, quelque chose qui ressemblait à une miche de pain, un brassard arborant l'étoile de David, symbole de la religion juive. Laura regarda ensuite les pages tapées à la machine que Mme Mandelcorn avait ajoutées à la fin du livre. Après avoir inspiré profondément, elle commença sa lecture.

Le 16 juillet 1941

J'adore écrire. J'ai l'impression d'avoir écrit toute ma vie — des contes, des poèmes, des chansons. Chaque fois que quelque chose m'excitait, comme une fête d'anniversaire ou un coucher de soleil, je prenais ma plume pour décrire ce que je ressentais. Chaque fois que j'étais fâchée contre mes parents ou contre mes enseignants, j'exprimais par écrit mes pensées, trop difficiles à dire à

---

* *Prends une chanson triste et rends-la plus joyeuse.* NDLT

voix haute. Mais voilà : ma vie est devenue si terrible depuis quelques mois que je n'ai plus eu envie d'écrire du
tout. J'ai évité mon journal. Pourtant, la vérité, c'est que je
ne pourrais jamais m'arrêter définitivement d'écrire. Et je
n'ai jamais eu autant besoin de le faire que maintenant.

Nous sommes ici, dans le ghetto, depuis six mois,
mais on dirait que cela fait six ans, soixante ans, une éternité ! Quand les murs ont été achevés et que tout le monde a
emménagé à l'intérieur, nous avons eu la chance de trouver un petit appartement pour nous six. Certaines familles
ont été obligées de partager le leur avec des étrangers.
C'est ce qui est arrivé à mon amie Deena et à ses parents. Ils
habitent avec un couple âgé, et Deena dit que le vieillard
ronfle et qu'il lui adresse à peine la parole. Elle dit qu'ils
sont entassés comme les cornichons que sa grand-mère
mettait en pot : l'un à côté de l'autre jusqu'à ce qu'il ne
reste plus de place dans la jarre.

Au moins, nous avons pu rester ensemble. Et quand
je dis « nous », je parle de mes parents, de mon frère, David,
de ma petite sœur, Hinda, et de ma grand-mère, Bubbeh.
Nous sommes six dans deux petites pièces, au 28 de la rue
Wolynska, près de la rue Zamenhofa. Je partage une chambre
avec Bubbeh. Parce qu'elle est la plus jeune, Hinda dort
avec Mama et Tateh, et David, dans la petite cuisine, où il a
un lit près du poêle. Souvent, le soir, il n'est pas là. Il sort,
mais personne ne sait où il va.

David a seize ans. Il a les cheveux blonds comme le
soleil et les yeux bleus de Mama. Mais des nuages assom-
brissent son visage. C'est ce que Tateh me répond quand

je lui demande pourquoi David ne me parle plus. « David est comme une journée nuageuse avec des averses à l'horizon. » Tateh pense que sa colère lui passera et que son « tempérament ensoleillé reviendra ». Mama pense aussi qu'il traverse une phase. Elle dit que la plupart des garçons de seize ans passent par une période de silence et d'éloignement. Mais David est en colère depuis des années, depuis que la situation des Juifs de Varsovie s'est envenimée. Pour lui, la pire journée a été celle où on lui a interdit de continuer à fréquenter l'école. C'est à peu près à cette époque que le nom de la place Pilsudski, au centre-ville de Varsovie, a été remplacé par celui de place Adolf-Hitler et que les Juifs n'ont plus eu le droit d'y aller. Je ne crois pas que la colère de David soit à la veille de se calmer.

Hinda n'a que six ans. Elle n'a probablement aucun souvenir d'une époque où les choses étaient différentes de ce qu'elles sont à présent. Pour elle, il y a toujours eu des règles précisant ce qu'elle pouvait et, surtout, ce qu'elle ne pouvait pas faire. Toute sa vie, elle a dû craindre d'être juive. Hinda a une amie imaginaire qui s'appelle Julia. Julia l'emmène au zoo, au parc et aux endroits où nous avions coutume d'aller avant qu'ils ne soient interdits aux Juifs.

Et puis, il y a moi. Je suis juste au milieu ; j'ai douze ans. Je ne suis pas grande — je suis trop petite, si vous me demandez mon avis —, j'ai les yeux bruns, et les cheveux noirs et ondulés. Je sais que je ressemble à Tateh et je ne veux pas me plaindre, mais cela m'ennuie. Ne vous méprenez pas. J'adore mon père. Il est gentil, affectueux et fort. Mais j'aurais aimé ressembler à ma mère. Tout le monde la trouve jolie. Elle a des traits doux et délicats. Même si, en ce moment, elle a des cheveux ternes et si elle a perdu beaucoup de poids, je continue de la trouver belle.

Quand on parle de moi, c'est autre chose. On me dit brillante, et c'est vrai que je le suis. J'étais la première de ma classe quand j'avais encore le droit d'aller à l'école. Tateh me répète tout le temps que je suis belle, mais c'est seulement parce qu'il est mon père. J'ai des traits anguleux. J'ai une grande bouche, et des taches de rousseur affreuses sur mes joues et sur mon nez, encore plus visibles quand je suis au soleil. J'aimerais que, rien qu'une fois, quelqu'un d'autre que Tateh me dise que je suis belle.

C'est curieux. Quand Hitler a déterminé qui allait faire partie de sa race parfaite, il a décrété que ce ne seraient que les Aryens, les gens aux yeux bleus et aux cheveux blonds, comme le sont beaucoup d'Allemands. Les personnes au teint foncé comme Tateh, moi et tant d'autres Juifs ne pouvaient faire partie de la race parfaite de Hitler, et elles étaient devenues la cible de discrimination. Mais voilà : Mama et David sont blonds et ont les traits fins, tandis que Hitler a les yeux noirs et un gros nez. Je ne l'ai jamais vu en personne, mais j'ai vu sa photo sur des affiches. Alors, dans le monde idéal imaginé par lui, Mama et David seraient acceptés, alors que lui-même serait rejeté. Je suis consciente que les choses ne sont pas si simples. Je sais que ce n'est pas qu'une question d'apparence. Je sais que c'est à cause de ce que nous sommes — des Juifs. Et les Juifs ne font pas partie du monde idéal de Hitler. C'est quand même une ironie du sort, n'est-ce pas?

Nous voilà donc : David, Hinda et moi. Nous sommes tellement différents — par notre âge, notre façon d'agir et notre apparence ! Mais, en fin de compte, nous avons tous trois quelque chose d'identique : nous essayons d'échapper, d'une manière ou d'une autre, à cette prison. David s'évade par le silence. Hinda se sert de son imagination. J'écris ce qui me passe par l'esprit. Je suppose que nous avons tous besoin de notre propre échappatoire.

Sara Gittler

Le 12 août 1941
Deena Katz est ma meilleure amie. Nous nous connaissons depuis toujours. Avant le ghetto, nous vivions dans des maisons voisines et, à l'école, nous étions dans la même classe. Grâce au ciel, elle habite ici, dans le ghetto. Je ne peux m'imaginer ici sans une amie.

Nous ne nous ressemblons pas du tout. Tout comme mon frère, Deena est grande et blonde. Mais Tateh dit que nous pourrions être des sœurs, et même des jumelles. Nous terminons mutuellement nos phrases comme si nous lisions dans les pensées l'une de l'autre. Deena, une enfant unique, aime dire que je suis sa sœur. Les gens nous dévisagent en se demandant comment deux filles si différentes physiquement peuvent être parentes. Deena éclate alors de rire et s'en va.

Deena est l'une des personnes les plus douées que je connaisse. Elle dessine mieux que quiconque. Elle veut devenir une peintre célèbre, et je parie qu'elle le deviendra. Elle dessine tout ce qu'elle veut et, dans ses dessins, les choses sont plus belles que dans la réalité. Ce n'est pas comme moi : je trace des lignes que je surmonte de cercles et j'appelle ça des personnages.

Quand nous avons emménagé dans le ghetto, Deena a apporté son papier à dessin et ses crayons de couleur. On dirait que nous avons toutes deux gardé quelque chose de particulier et de personnel, quelque chose qui nous rappelle notre vie d'avant. J'ai pris quelques-uns de mes livres préférés, comme *La guerre des salamandres*, écrit par Karel Capek, un célèbre auteur tchèque. Il raconte l'histoire d'une bande de salamandres géantes qui deviennent de plus en plus fortes, jusqu'au moment où elles déclarent la guerre à l'humanité. Je l'ai lu tellement de fois que je pourrais le réciter par cœur. J'ai aussi appris un peu d'anglais à l'aide d'un dictionnaire pour pouvoir lire *Qu'elle était verte ma vallée*, de Richard Llwellyn. Ma cousine, Dvora, qui vit en Angleterre, me l'a envoyé un jour pour mon anniversaire. J'aime la sonorité des mots anglais. Le livre parle d'une famille, les Morgan, qui vit au pays de Galles. Il y a sept enfants ; c'est le plus jeune, Huw Morgan, âgé de dix ans, qui est le narrateur. Ces gens sont pauvres et luttent chaque jour pour joindre les deux bouts. Mais ils s'aiment, et cet amour leur permet de tenir bon malgré leur misère. Je me sens liée à ces deux ouvrages et aux histoires qu'ils racontent. Les salamandres sont des monstres méchants, comme les nazis, qui deviennent chaque jour de plus en plus forts et dangereux. Ma famille est unie et aimante, comme les Morgan. Malgré tout ce qui nous est arrivé, à présent, nous dépendons plus que jamais les uns des autres. C'est sans doute pourquoi j'aime tant ces deux livres. Ils sont très proches de la vie que je vis.

Tateh rapporte parfois des livres à la maison. Il les trouve au marché noir et il les échange contre une pièce du service de vaisselle de Mama ou contre un vieux disque. Cela contrarie Mama. « Les livres ne remplissent pas les ventres vides », dit-elle. Elle veut que Tateh troque nos choses contre de la farine, des légumes ou même un foulard chaud en prévision de l'hiver. « Les livres nourrissent l'âme, répond toujours Tateh. C'est important aussi. Je me passerai de foulard pour le plaisir de voir ma Sara lire. » Mama se détourne en claquant la langue.

Mais revenons à Deena. Je sais qu'il ne lui reste plus beaucoup de papier à dessin et que ses crayons de couleur sont de plus en plus petits. « Je ne dessine plus que les choses essentielles. Je ne peux pas gaspiller le papier. » Elle me regarde derrière ses lunettes. Elle doit y faire très attention, parce que c'est sa seule paire. Deena dit que, s'il fallait qu'elles se cassent, peu importe le nombre de crayons de couleur qu'elle aurait, elle ne verrait plus rien et ne pourrait plus dessiner !

Si vous me demandez mon avis, aucun des dessins de Deena ne peut être considéré comme du gaspillage. Ils sont tous superbes. Deena m'en a donné quelques-uns —mes préférés. L'un d'eux représente le rouge-gorge qui s'est miraculeusement posé dans la cour il y a quelques semaines. Il y avait si longtemps que je n'avais pas vu d'oiseau que j'ai failli éclater en sanglots. Mais Deena m'a fait signe de me taire, a pris sa tablette et a rapidement dessiné le rouge-gorge, qui gardait la pose. Le dessin que je préfère entre tous représente un coucher de soleil sur un lac bleu. Il me rappelle le nord de la Pologne, là où ma famille et moi allions passer nos vacances, en été, au bord de la mer Baltique. J'ai promis à Deena que je garderais toujours ses dessins et que, quand elle serait célèbre, nous les exposerions pour que le monde entier puisse les voir.

Deena a parfois l'impression qu'elle doit se hâter de dessiner. Elle dit : « Je dois créer autant de dessins que possible avant de... »

Je me fâche et je lui crie de se taire, parce que je devine ce qu'elle va dire avant même que les mots ne sortent de sa bouche. Dans le ghetto, la situation ne fait qu'empirer. Je refuse de penser au mal qui pourrait arriver et je ne veux pas entendre Deena parler de ces choses. Mais, au fond de moi, je comprends ce qu'elle essaie d'exprimer : elle n'aura pas le temps de faire ce qu'elle a envie de faire. Quelque chose va se passer, et nous l'attendons tous. Même enfermés à l'intérieur des murs du ghetto, nous ne pouvons oublier le monde à l'extérieur. Et les quelques nouvelles qui nous parviennent ne sont jamais encourageantes.

David m'a raconté qu'il y a des ghettos identiques au nôtre à Kovno, à Minsk, à Bialystok et à Lvov. Nous avons des parents dans ces villes, et je me demande si, comme nous, ils vivent derrière des murs et des barrières, sans avoir rien à manger, sans pouvoir aller nulle part. Les armées nazies semblent de plus en plus fortes et puissantes. Elles ont envahi d'autres pays, comme la Yougoslavie et l'Union soviétique. Elles ont arrêté des Juifs à Paris et dans d'autres villes. Des gens dans la rue nous tiennent informés. Ils propagent les nouvelles en chuchotant. Je sais qu'il y a des radios dans le ghetto, même si c'est interdit d'en posséder. Et parfois, malgré ma peur, je m'oblige à écouter les nouvelles. Je dois savoir ce qui se passe. Ça me permettra peut-être de faire quelque chose, d'apporter mon aide, d'une façon ou d'une autre. Tateh affirme que la situation va bientôt s'améliorer, mais je ne crois pas qu'il dise la vérité. Et, s'il me ment à ce sujet, que peut-il me cacher d'autre?

Sara Gittler

Chapitre 4

Laura venait à peine de commencer à lire le journal quand elle fut interrompue par sa mère, qui frappait doucement à la porte et qui entra sans attendre sa réponse. Elle fut contrariée de voir que Laura ne dormait pas encore.

—Il faut éteindre la lumière et te coucher.

—Oui, maman, répondit Laura en se hâtant de cacher le journal sous les couvertures.

Elle n'était pas encore prête à parler avec sa mère de ce qu'elle lisait.

—J'ai encore du travail à terminer.

Sa mère hésita.

—Tu t'es souvent couchée tard ces derniers temps, finit-elle par dire d'une voix ferme. Tu as besoin de dormir. Tout de suite !

De mauvaise grâce, Laura se tourna et éteignit la lumière. Mais elle resta longtemps éveillée après le départ de sa mère. Quelque chose dans le journal semblait la tirer par la manche sans qu'elle sache vraiment ce que c'était. Elle se demandait nerveusement ce qu'elle allait encore découvrir dans ce récit et comment elle pourrait composer avec ce qu'elle lirait. Elle n'était certainement pas prête à s'engager dans le projet de parrainage. Et pourtant, tout comme la fille du journal avait besoin de se renseigner sur la guerre, Laura devait en apprendre davantage sur Sara. C'était un peu comme regarder un des films d'horreur que Nix apportait, le genre de film qu'on suit d'un seul œil, parce qu'on veut savoir ce qui va arriver tout en étant terrifié par la perspective des passages sanglants.

—J'ai essayé de t'appeler hier soir, dit Adam le lendemain, alors que Laura et lui sortaient de leur dernier cours.

Laura avait passé la journée à courir d'une classe à l'autre. C'était la première fois de la journée qu'elle avait l'occasion de parler avec Adam.

—Alors ? Où étais-tu ?

—Je lisais, répondit Laura en haussant les épaules.

—Être absorbée au point de ne pas répondre au téléphone : c'est bien toi, maugréa Adam en secouant la tête et en dévisageant son amie. Qu'est-ce que c'était, cette fois ? Un roman fantastique ? Un polar ? Une biographie ?

—Un peu tout ça, j'imagine.

Laura poursuivit en décrivant à Adam sa visite à Mme Mandelcorn et le journal qu'elle avait reçu.

—J'ignore d'où il vient et comment la vieille dame l'a obtenu. La fille qui l'a écrit raconte ce que c'était de souffrir de discrimination du seul fait d'être juif.

—Comme mon grand-père, dit Adam en hochant la tête. Je t'ai dit que ses histoires étaient incroyables.

Laura se renfrogna. Le journal aiguisait sa curiosité, et elle se sentait attirée par ce qu'il racontait, mais elle refusait de l'admettre, même si elle n'avait cessé d'y penser toute la journée.

—Alors, que vas-tu faire avec ce journal? demanda Adam.

Ils descendaient lentement un escalier, esquivant la foule d'élèves qui sortaient en trombe de l'école à la fin de la journée. Adam avait passé une courroie de son sac à dos sur son épaule. Il avait un gros livre dans les bras et il le tenait comme une guitare, en faisant semblant de gratter le verso.

—Je suis censée trouver un moyen de l'utiliser pour ma Bat Mitzvah, expliqua Laura en secouant la tête. Mais je ne sais pas comment. Je n'ai pas beaucoup avancé dans ma lecture.

Malgré cela, Laura reconnaissait déjà que la fille qui avait écrit le journal —Sara —n'était pas très différente d'elle-même ; elles avaient le même âge, elles n'étaient pas enfants uniques, elles avaient des amis et aimaient les mêmes choses. Pourtant, elles vivaient dans des mondes radicalement opposés. Laura pouvait aller et venir à sa guise, alors que Sara était confinée dans le ghetto comme dans une prison, une prison dure et cruelle.

— Tu vas trouver, dit Adam, l'air songeur. Écoute, au début, quand les Beatles ont formé un groupe, ils ignoraient qu'ils changeraient pour toujours la musique.

Laura secoua la tête.

— Je n'essaie pas de changer l'histoire, Adam. Je veux juste survivre aux prochaines semaines.

Adam exagérait parfois, avec son obsession des Beatles.

— On ne sait jamais ce qui nous attend.

Il prit une pose, lançant son gros livre dans les airs tout en entonnant le refrain de *Let It Be*.

Laura l'ignora et tourna la tête pour voir si Nix était dans les parages. Elles avaient convenu de se retrouver après l'école et de rentrer chez elles à vélo, mais Laura ne savait jamais si Nix la ferait attendre longtemps après que la cloche avait sonné et que les élèves étaient partis. Malgré tous ses efforts, Laura n'avait jamais réussi à guérir son amie de son manque de ponctualité. « J'ai essayé d'être à l'heure, disait souvent Nix. Mais c'est un peu comme acheter de la crème glacée. En me rendant au magasin, je suis déterminée à goûter à une nouvelle saveur, mais je finis toujours par choisir vanille et pépites de chocolat. Tu ne pourras jamais me changer. » Miraculeusement, Laura aperçut son amie, qui bavardait avec d'autres élèves à la porte d'entrée. Elle lui fit un signe de la main, mais Nix ne la vit pas.

Adam continuait de gratter le dos de son livre comme une guitare. *There will be an answer, let it be**,

* *Une réponse viendra, ainsi soit-il.* NDLT

chantait-il à tue-tête. Il avait les yeux mi-clos en descendant les marches. Laura allait l'avertir de faire attention quand il trébucha derrière elle. Son livre s'envola dans les airs et dégringola l'escalier, avant d'atterrir avec un bruit sourd sur le dos d'un garçon plus âgé qui se tenait debout au bas des marches.

—Qu'est-ce que…

Le garçon se retourna lentement et leva les yeux vers Adam. Il se frotta la nuque puis, après avoir jeté un regard circulaire, il se pencha pour ramasser le livre et remonta lentement l'escalier, suivi de deux de ses copains.

Adam resta figé, et Laura sentit les battements de son cœur s'accélérer. C'était Steve Collins, un élève de secondaire 3 grand et costaud. Comme d'habitude, ses acolytes étaient derrière lui. Ils étaient moins grands que Steve et également plus vieux. Ils avaient tous trois la réputation d'être des durs à cuire.

—C'est à toi ? demanda Steve en s'arrêtant à quelques centimètres du visage d'Adam.

Il lui tendit le livre. Il avait les cheveux longs, raides et séparés par une raie au milieu. Il portait un tee-shirt noir et un jean déchiré.

—Je… ouais… je suis…

Adam bafouillait et bégayait. Il inspira profondément.

—Je suis vraiment désolé. Je ne regardais pas.

—Tu ne regardais pas ?

Steve se rapprocha de lui.

—Tu penses peut-être que c'est une raison pour m'assommer avec ton livre ?

—C'était un accident. Je… je le jure.

Adam ajusta nerveusement ses lunettes. Ses mains tremblaient.

—Ça n'existe pas, les accidents, rétorqua Steve.

Ses deux amis firent un pas en avant.

Mauvais signe, pensa Laura. Adam n'avait pas agi délibérément, mais elle savait que les gars comme Steve Collins n'avaient pas besoin d'un prétexte pour intimider les autres. Elle regarda autour d'elle, cherchant désespérément de l'aide. La plupart des élèves avaient déjà quitté les lieux. Les rares qui étaient encore là s'étaient immobilisés et attendaient de voir la suite des événements. Laura croisa le regard de Nix au bas de l'escalier, mais elle était, elle aussi, paralysée. Blanc comme un linge, Adam semblait se recroqueviller sous le regard implacable des trois garçons plus âgés.

—Il y a un problème, monsieur Collins ?

M. Garrett, le directeur de l'école, montait l'escalier et se dirigeait vers les garçons. Quelqu'un avait dû l'avertir, juste à temps.

En entendant la voix de M. Garrett, Steve se détendit, recula et se tourna pour saluer le directeur.

—Pas de problème, répondit-il avec un grand sourire. Ce jeune homme a laissé tomber un livre et je le lui rapportais.

Il lança le livre à Adam, qui parvint à peine à l'attraper. Visiblement ébranlé, Adam était encore très pâle.

M. Garrett observa attentivement Steve et ses compagnons, puis il jeta un coup d'œil à Adam.

—Tout va bien, monsieur Segal?

Adam acquiesça faiblement de la tête.

—Tout va bien.

Après avoir évalué la situation quelques instants, M. Garrett hocha la tête à son tour.

—Je vous suggère donc de poursuivre votre chemin, monsieur Collins, et de laisser les autres rentrer chez eux.

Steve esquissa un petit sourire. Avant de s'éloigner, il tourna la tête pour regarder Adam d'un air mauvais.

—*Looser*, chuchota-t-il par-dessus son épaule de façon à n'être entendu que de Laura et d'Adam. Fais attention à toi!

Puis, souriant de nouveau de toutes ses dents, il partit, ses deux copains sur les talons.

—Vous êtes sûr que ça va? demanda M. Garrett après leur départ.

Adam haussa les épaules.

—C'est pas grave.

Laura n'en croyait rien. Elle voyait bien qu'Adam était bouleversé. M. Garrett attendit encore un moment, puis il inclina la tête et s'éloigna.

Adam et Laura restèrent quelque temps sans bouger. Laura ne cessait de revoir l'incident dans sa tête en se demandant ce qui serait arrivé sans l'intervention de M. Garrett. Elle se tourna enfin vers son ami.

—J'étais sûre qu'il allait te frapper ou quelque chose du genre, s'écria-t-elle en lui agrippant le bras.

Il haletait et transpirait à grosses gouttes, comme s'il venait de participer à une course.

—Ouais, il a bien failli le faire.

—Pourquoi ne lui as-tu rien dit, Adam ? demanda Nix, qui était accourue vers ses amis.

—Comme quoi ?

—Comme de reculer. Tu ne dois pas te laisser intimider par des types comme lui.

—Non. Il vaut mieux les ignorer, dit Adam en haussant les'épaules. C'est pas grave… Vous avez entendu ce qu'il m'a dit ? ajouta-t-il en leur répétant l'avertissement de Steve.

—Ce gars veut passer pour un dur. Il essaie d'intimider tous ceux qui sont sur son chemin. Ne t'en fais pas trop, répondit Nix.

Tous trois descendirent l'escalier et sortirent de l'école. La brise fraîche de l'après-midi était exactement ce dont Laura avait besoin. Elle avait eu l'impression de suffoquer à l'intérieur de l'école. Mais ici, au grand air, elle reprit son souffle et essaya de se détendre. Malgré ce que Nix leur avait affirmé, Laura avait encore peur. Ces garçons étaient connus pour intimider les élèves, et Laura savait qu'ils s'en prenaient souvent aux plus petits et aux plus faibles, qui étaient incapables de se défendre. C'était, cependant, la première fois qu'elle était en présence d'une personne menacée. Elle lança un regard à Adam. Il était toujours aussi pâle.

Tout tourbillonnait dans la tête de Laura. Un instant, tout avait été si normal, si prévisible ! Elle riait et bavardait avec Adam sans s'inquiéter de la sécurité de ses amis ou de la sienne. L'instant d'après, Adam était en danger, et elle se sentait impuissante, incapable d'intervenir. Elle aurait voulu prendre l'incident, le chiffonner en boule et le jeter dans une poubelle. Mais rien n'était jamais aussi simple.

—J'ai envie de rentrer seule, dit-elle à ses amis quand ils arrivèrent aux supports à vélos.

Ils avaient peu parlé depuis qu'ils avaient quitté l'école. Laura sortit son casque de son sac à dos.

—Je t'appellerai plus tard, ajouta-t-elle en regardant Adam.

—N'oublie pas que nous allons magasiner demain après-midi, dit Nix.

Sans répondre, Laura agita la main derrière son épaule. Courir les magasins était la dernière chose qu'elle avait envie de faire. Elle avait besoin de rentrer chez elle, d'être seule pour réfléchir plus clairement à ce qui venait de se passer et à ce que tout cela signifiait. Peut-être y avait-il plus de similitudes qu'elle ne l'avait d'abord cru entre sa vie et celle de Sara. Cela lui donnait le désir d'en apprendre davantage sur Sara. Laura avait besoin de s'enfermer dans sa chambre et de poursuivre sa lecture.

Le 27 août 1941

Les murs du ghetto qui entourent notre appartement et les autres immeubles font peur. Ils ont été bâtis par des hommes juifs, dont Tateh et David. Avant, Tateh avait les mains très douces, mais je les ai vues devenir rugueuses et douloureuses, et saigner tout le temps. Tateh ne s'est jamais plaint de son travail. Mais, tard le soir, quand il pensait que je ne regardais pas, je voyais Mama soigner ses coupures et ses ampoules. Il se raidissait et frémissait. Je comprenais alors à quel point son travail était pénible.

Tateh est un enseignant. Il enseignait à l'école primaire que je fréquentais —c'est-à-dire jusqu'à ce qu'il perde son emploi, et moi, le droit d'aller à l'école. Il n'a jamais été mon professeur, mais ses élèves venaient toujours me dire qu'il était le meilleur. Tateh adorait son travail ; il aimait donner aux autres le goût d'apprendre.

À présent, il travaille dans une fabrique de chaussures allemande. Chaque jour, il est conduit avec d'autres hommes à l'extérieur du ghetto vers une manufacture où il passe ses journées devant une machine. Il coupe et sable des sabots et des bottes destinées aux soldats allemands. J'ai vu ses mains devenir calleuses, presque semblables au cuir des chaussures qu'il fabrique. Il dit qu'il a de la chance de travailler. Il obtient quelques rations supplémentaires de nourriture pour nous. Depuis que nous habitons ici, le mot « chance » en est venu à prendre un tout autre sens que celui qu'il avait auparavant. Avant, pour nous, avoir de la chance, c'était trouver un zloty en chemin et l'utiliser pour acheter un bonbon. À présent, c'est savoir que notre père a un emploi ennuyeux et pénible. C'est avoir quelques morceaux de pain pour notre famille.

Quand il enseignait, Tateh ne portait que des livres. Mais, pour construire les murs du ghetto, il a dû, comme d'autres Juifs, traîner de lourds chargements de briques et empiler d'énormes pierres. Ils ont étalé de la boue et de l'argile entre les pierres. Sur la dernière couche, ils ont placé des tessons de verre pointés vers le ciel comme des lames effilées. Comme si ce n'était pas assez menaçant, ils ont achevé le mur en tendant des lignes de fils barbelés au sommet.

Nous avons emménagé une fois les murs finis, après avoir franchi la barrière qui nous enfermerait à l'intérieur de cette prison. « Nous construisons notre propre prison », disait David avec colère, et Tateh secouait la tête en soupirant.

« Nous avons de la chance d'être ensemble ici. C'est ce qui compte le plus », répondait-il. Encore ce mot, « chance ». Je ne me sens pas chanceuse, et je me demande quel sort est pire : vivre à l'extérieur des murs, où les Juifs sont haïs et maltraités, ou à l'intérieur, où ils sont oubliés.

Sara Gittler

Le 28 août 1941

J'ai un gros rhume et je broie du noir. Mama n'a aucun médicament à me donner pour me soulager. Il n'y a même pas de mouchoir pour mon nez qui coule. J'espère que personne d'autre ne va tomber malade.

Sara Gittler

Le 6 septembre 1941

Dans notre vraie maison, nous avions un piano, et Mama donnait des leçons aux enfants du quartier après l'école. Sur le piano, il y avait un vieux métronome. Mama disait qu'il lui avait été donné par Zamek Krelewski, l'homme qui lui avait montré à jouer dans son enfance. Elle le réglait et le mettait en marche pour aider ses élèves à suivre le rythme du morceau qu'ils apprenaient. En entendant les notes et le métronome, je devinais toujours qui avait travaillé sa pièce pendant la semaine. Hirsch Rublach était le pire élève de Mama. Il ne répétait jamais. J'ignore pourquoi il se donnait la peine de suivre des cours. Je sais que sa mère voulait qu'il apprenne à jouer, et je suppose qu'il ne pouvait pas refuser.

Quand Mama mettait le métronome en marche et que Hirsch jouait, on avait l'impression de remonter le vieux gramophone et d'écouter la mélodie prendre de la vitesse. Toc, toc, toc. Le rythme du métronome était parfait, mais le jeu de Hirsch était désastreux. Hirsch commençait lentement, puis il accélérait et, frénétique, il se mettait à jouer plus vite que le métronome, avant de ralentir de nouveau. Rapidement et lentement, d'avant en arrière... si souvent que j'en étais tout étourdie et que je devais me retenir pour ne pas éclater de rire.

J'ignore ce qu'il est advenu de Hirsch et de tant d'autres élèves de Mama. Je me demande s'ils sont parvenus à sortir de Pologne avant que la guerre ne se referme sur nous. Je me demande s'ils sont en vie. Le métronome a disparu — le piano aussi. Nous avons dû l'abandonner quand nous avons emménagé dans le ghetto. Lorsque les soldats nazis défilent sous ma fenêtre pendant la journée, leurs bottes claquent comme ce métronome. C'est juste plus fort. Ils marchent tous du même pas. Personne ne marche trop vite ni trop lentement. Les nazis gardent un rythme parfait.

Sara Gittler

Le 18 septembre 1941
Quand nous nous sommes installés dans le ghetto, j'ai dû abandonner mon chat, et ce moment a probablement été le plus douloureux de ma vie. Je l'avais depuis deux ans. Ce n'était qu'un chaton quand je l'avais trouvé. Il miaulait dans une ruelle près de chez nous. Je l'avais pris dans mes bras et ramené à la maison. Je savais que Mama en tomberait amoureuse dès qu'elle le verrait. Je ne me trompais pas. Nous l'avions appelé Feliks, ce qui veut dire « chanceux », parce qu'il avait eu de la chance que j'aille à

son secours. Feliks était doux et affectueux ; il me suivait partout et il dormait sur une couverture au pied de mon lit... même si Mama n'était pas d'accord.

Lorsque j'ai pris la couverture de Feliks pour l'apporter au ghetto, j'ai senti le regard de Mama posé sur moi. J'ai essayé de l'ignorer. À la fin, elle m'a prise par les épaules et m'a fait pivoter. « Écoute, ma chérie, a-t-elle dit pendant que j'essayais de me libérer et de couvrir mes oreilles. Au ghetto, nous aurons à peine assez d'espace pour nous ou assez d'argent pour notre propre nourriture. Nous ne pouvons emmener Feliks. » J'ai pleuré, refusant de croire qu'il me faudrait abandonner mon chat. Mais je savais que je n'avais pas d'autre choix.

Avant de quitter la maison, j'ai porté Feliks à notre voisine, Mme Kaminski. Catholique, elle évitait ma famille depuis des mois. J'ai l'impression qu'elle ne nous aimait pas beaucoup, parce que nous étions juifs. Ou peut-être avait-elle simplement peur de ce qui pourrait lui arriver si elle se montrait trop amicale avec une famille juive. Mais je savais qu'elle aimait les chats et qu'elle accepterait d'adopter Feliks. Ce jour-là, Deena m'a accompagnée. Elle savait que j'aurais le cœur brisé en disant adieu à mon beau Feliks.

Mme Kaminski m'a à peine regardée quand j'ai frappé à sa porte. Elle a seulement tendu les bras. Je lui ai donné le coussin moelleux de Feliks, sa couverture, ses jouets et son dernier sac de nourriture. Puis, j'ai serré Feliks dans mes bras, je l'ai embrassé, j'ai enfoui mon nez dans sa douce fourrure et je l'ai donné à Mme Kaminski.

J'ai remercié Mme Kaminski et je lui ai tourné le dos. Je ne voulais pas qu'elle me voie pleurer.

—Feliks sera bien ici, m'a assuré Deena, mais elle aussi était triste.

En remontant l'escalier vers notre appartement, je n'ai pas pu m'empêcher de penser que je faisais quelque chose de mal. J'avais l'impression de laisser tomber mon bel animal de compagnie. Nous, les Juifs, étions abandonnés et forcés de quitter nos maisons. Et je faisais la même chose à Feliks. Même si nous étions des êtres humains alors que Feliks était un animal, j'étais malheureuse de le laisser derrière nous.

J'ai essayé de chasser ces pensées.

—Tu as raison, Deena, je sais, ai-je dit. Mme Kaminski prendra soin de Feliks.

En même temps, je me demandais si nous nous en tirerions aussi bien.

C'était déchirant d'abandonner Feliks. Il nous a également fallu choisir ce que nous apporterions au ghetto. Une décision difficile à prendre. C'était encore plus difficile de décider à quoi renoncer. Je ne voulais rien laisser. Pouvez-vous imaginer devoir faire un choix entre vos disques préférés et vos livres ou vos jouets ? Devoir sélectionner une ou deux choses spéciales que vous apporterez avec vous ? Impossible ! Mais il fallait le faire.

« Nous ne disposerons pas de beaucoup d'espace dans notre appartement ; le peu que nous aurons servira à ranger les vêtements, les couvertures et les choses essentielles », avait déclaré Mama.

Nous avons trié nos biens. Je savais que, pour chaque chose que j'apporterais au ghetto, il me faudrait en abandonner dix.

Si c'était très difficile pour moi, c'était presque impossible pour Hinda. Essayez d'expliquer à une enfant de six ans qu'elle doit renoncer à la plupart de ses jouets. Elle ne comprenait pas du tout. Après avoir pleuré à la pensée de laisser ses poupées préférées, elle a fini par s'endormir d'épuisement dans les bras de Mama.

Pour Tateh, c'était aussi pénible de trier les disques de sa collection. « Comment peut-on choisir entre Tchaïkovski et Mozart ? » marmonnait-il. Au bout du compte, peu importait. Nous ne prendrions pas le gramophone au ghetto. La nourriture et les vêtements comptaient, finalement, plus que la musique.

Sara Gittler

Le 1ᵉʳ octobre 1941
Tateh a chanté hier soir. Il faisait froid dans notre appartement du ghetto, et nous étions tous réunis dans la cuisine autour de la petite table, essayant de profiter de la chaleur encore diffusée par le poêle. Même David était là. Au début, personne ne parlait. C'était comme si nous étions tous ailleurs, en train de rêvasser, de nous rappeler peut-être un doux souvenir du passé ou d'espérer nous trouver n'importe où plutôt que là où nous étions. Puis, Hinda s'est mise à parler à son amie imaginaire. « Veux-tu

des biscuits, Julia ? a-t-elle demandé en faisant semblant de tenir une assiette. Pour l'instant, juste un biscuit. Nous allons garder les autres pour plus tard. »

David lui a sèchement ordonné de se taire, mais Mama est intervenue, lui rappelant que Hinda était encore une enfant et qu'elle avait besoin d'imaginer des choses. David a alors posé la tête sur la table et n'a plus bougé.

J'y ai à peine prêté attention. Je pensais à la fête à laquelle j'avais assisté pour le douzième anniversaire de Deena. Il y avait des garçons et des filles, et Avrom Zusman m'avait invitée à danser. Évidemment, j'avais rougi ; tellement même que Deena avait dit que je ressemblais à une tomate. Cela m'avait fait rougir encore plus.

Nous étions donc attablés dans la cuisine quand Tateh a commencé à fredonner une vieille chanson de folklore yiddish. *Wus geven is geven un nitu*, chantait-il.

Des jours passés je me rappelle,
Les heures fuient, l'année n'est plus.
Ma joie s'envole à tire-d'aile,
Aujourd'hui et à jamais perdue.

Ce qui était n'est plus, le fort s'est affaibli,
Comme les gens que nous connaissions.
Mais je crois en moi-même et en ce qui était,
C'est possible, je le sais, nous nous en sortirons.

Tateh a une belle voix profonde qui fait vibrer chaque note. Au début, nous étions tous stupéfaits ; personne ne disait rien. Hinda avait cessé de parler à Julia, et David avait levé la tête. Bouche bée, nous écoutions Tateh chanter. Ensuite, Mama s'est mise à fredonner l'air, puis Bubbeh, et, bientôt, nous chantions tous en harmonie la mélodie de Tateh. C'était une chanson triste, mais elle m'a rappelé notre maison. L'espace d'un court instant, les murs du ghetto ont disparu, et je me suis sentie en paix... peut-être même chanceuse!

Sara Gittler

Le 27 octobre 1941

Il pleuvait à verse quand je me suis réveillée ce matin et, même si je ne suis pas sortie, j'ai senti le froid et l'humidité pénétrer notre appartement. Je voyais les petites gouttes se rassembler sur le tuyau au-dessus du poêle et je les entendais tomber dans le seau que Mama avait placé au milieu du plancher. Avant notre installation dans le ghetto, j'aimais la pluie. Quand il pleuvait, j'allais dehors et, la tête renversée, la bouche ouverte, j'essayais d'attraper les gouttes avec ma langue. Mais, ici, les averses s'insinuent dans ma veste mince et sous ma peau.

Debout à la fenêtre, j'ai regardé la pluie marteler la chaussée. Les rues du ghetto sont pleines de crevasses et de fossés qui se transforment vite en torrents pendant une averse. Il devient alors encore plus difficile de marcher. Bubbeh est soudain venue vers moi et, sans raison, elle m'a appelée Saraleh. Elle ne m'avait pas donné ce surnom spécial depuis une éternité. Elle le faisait quand nous habitions chez nous —notre vrai chez-nous —, avant le ghetto. J'étais si étonnée que je me suis détournée de la pluie qui tombait dehors et que je lui ai souri.

Quand nous vivions dans notre vraie maison, je regardais ma grand-mère préparer la *babka*, un gâteau à la cannelle délicieux dont je raffolais. Pour commencer, Bubbeh mélangeait de la farine, des œufs, du beurre, de la levure et du lait pour faire une pâte molle et collante. Quand elle la pétrissait ensuite dans un bol pour la transformer en une boule luisante, la pâte faisait un bruit de succion qui me rappelait les baisers sonores de Bubbeh à mon retour de l'école. « Saraleh ! Oh ! je me suis ennuyée de toi, s'écriait-elle en me couvrant de baisers. Viens me raconter tout ce que tu as appris à l'école aujourd'hui. » Et je m'exécutais, assise sur le tabouret à côté du comptoir, en la regardant préparer la *babka*. Ses bras tremblotaient comme de la gelée lorsqu'elle pétrissait la pâte. Le moment que je préférais était celui où elle me donnait un peu de pâte et me laissait la modeler à ma guise. Parfois, je faisais une tortue, d'autres fois, un arbre. Mon petit modèle cuisait toujours plus vite que la *babka* ronde de Bubbeh et, lorsqu'elle sortait mes formes du four et qu'elle me les tendait, elles étaient encore brûlantes et fumantes. Je ne me sentais jamais trop vieille pour être avec Bubbeh, à modeler et à faire cuire mes petits gâteaux.

Je n'ai plus jamais vu Bubbeh sourire. Elle ne m'a plus jamais appelée Saraleh ni donné de gros baisers. À présent, elle reste assise, muette, et, quand elle pense que je ne la vois pas, elle pleure même quand Tateh essaie de la convaincre que tout va s'arranger. Mama, elle, ne dit rien. Elle ne tente même pas de réconforter Bubbeh. C'est comme si les choses pouvaient seulement être tristes désormais. Bubbeh n'est pas la seule personne triste. Allez marcher dans la rue une minute; vous ne verrez que des visages affligés. Vous imaginez? Tout le ghetto de Varsovie est rempli de malheureux.

Les bras de Bubbeh ont perdu la graisse qui les faisait trembloter. À présent, ils ressemblent à deux petites branches desséchées. Et son visage est si maigre et pâle qu'il est presque devenu transparent. Autour de sa bouche et de ses yeux, les rides sont comme les rigoles profondes creusées dans l'asphalte à l'extérieur de ma fenêtre. Quand Bubbeh pleure, on dirait que des torrents de pluie coulent et s'enfouissent dans ces sillons.

Je n'ai jamais connu mes grands-parents paternels; ils sont morts quand je n'étais encore qu'un bébé. Mais mon Zaideh, le père de ma mère, a succombé un an avant la construction du mur. Il avait le cœur fragile, et ce cœur a soudain cessé de battre une nuit, pendant son sommeil. Il ne s'est pas réveillé. C'est alors que Bubbeh est venue habiter avec nous.

Zaideh me manque. Il était drôle et il avait inventé toutes sortes de tours bébêtes pour Hinda et pour moi. Il faisait disparaître un zloty, par exemple, pour le faire réapparaître ensuite comme par magie derrière mon oreille. Je ne lui ai jamais dit que je savais comment il s'y prenait. J'avais percé le mystère quelques années plus tôt. Mais cela aurait gâché le plaisir que Zaideh éprouvait quand il répétait le tour — ce qu'il faisait presque chaque fois que je le voyais.

J'ai beau m'ennuyer de Zaideh, une partie de moi se réjouit qu'il soit décédé avant tout ceci. Je me sens soulagée de savoir qu'il n'est pas témoin de cette misère, qu'il ne voit pas Bubbeh passer ses journées à pleurer. Cela l'aurait démoli. Au lieu de cela, je garde au moins le souvenir de son sourire, et de ses tours charmants et idiots. Ce souvenir est aussi doux que celui de ma grand-mère en train de préparer la *babka* avec moi.

Sara Gittler

Le 5 novembre 1941
Il s'est passé quelque chose de terrifiant. Il y a quelques jours, Hinda a eu une forte fièvre. Elle a dit qu'elle avait mal à une oreille. Cela a empiré d'heure en heure, jusqu'à ce qu'elle se mette à hurler de douleur. Assise avec elle dans la chambre, Mama la berçait, lui passait de l'eau froide sur le front et essayait de la calmer, pendant que Tateh marchait de long en large dans la cuisine. Je ne l'avais jamais vu aussi angoissé, et cela m'épouvantait. Je ne savais pas quoi faire. J'avais tellement peur que Hinda meure! Je regrettais toutes les pensées négatives que j'avais eues à son sujet, l'agacement que nous ressentions tous en l'entendant nous rebattre les oreilles à propos de Julia. Je voulais juste qu'elle guérisse.

David est allé voir Tateh et lui a chuchoté quelque chose. Je ne comprenais pas ce qu'ils disaient mais, au début, Tateh a semblé furieux. Il a crié :

—C'est trop dangereux. Je refuse. Tu pourrais te faire tuer. Qu'est-ce que ça donnerait ?

David a continué de parler. Tateh a baissé la tête, puis l'a hochée faiblement. On aurait dit que la discussion avec David lui avait enlevé toutes ses forces. Quand David est sorti, Tateh s'est assis, la tête dans les mains, et il n'a plus bougé.

Bubbeh est devenue complètement frénétique.

—J'espère qu'il va me rapporter un médicament pour que je puisse mettre fin à mes jours. Je ne peux plus regarder souffrir ma famille.

Nous l'avons tous ignorée, même si j'avais un peu honte. Je crois que nous nous sentions tellement inquiets pour Hinda et pour David qu'il ne nous restait plus d'énergie pour nous soucier de Bubbeh.

J'ai essayé de parler à Tateh. Je voulais savoir ce qui se tramait, où David était allé, ce qui allait arriver à ma sœur. Mais Tateh ne réagissait pas. Je suis donc allée m'asseoir sur le lit de David. Les yeux fixés sur Tateh, j'ai attendu. À ce moment-là, j'aurais voulu être comme mon frère, pouvoir faire quelque chose, courir quelque part, plutôt que de rester là, impuissante, à regarder les événements suivre leur cours.

David est revenu environ deux heures plus tard, un petit flacon à la main. Il l'a tendu à Tateh, qui l'a saisi, puis a serré son fils dans ses bras en lui murmurant quelque chose à l'oreille. Les larmes ruisselaient sur le visage de Tateh.

J'ignore si David avait mendié le médicament, s'il l'avait volé ou s'il avait battu quelqu'un pour l'obtenir. Tout ce que je sais, c'est que la fièvre de Hinda a baissé et que son oreille était guérie deux jours plus tard.

Un jour, avant notre installation dans le ghetto,

un incendie s'était déclaré à mon école. Personne ne savait comment le feu avait commencé, mais il avait fallu évacuer rapidement tout l'établissement. Les enseignants avaient essayé de nous faire sortir en ordre et calmement, mais la panique s'était emparée de plusieurs enfants, les plus jeunes surtout. Je me souviens d'avoir défilé avec des élèves. Tout le monde se bousculait pour quitter le petit édifice le plus vite possible. J'avais peur, moi aussi. Ne sachant pas à quel point le feu était grave, j'étais terrifiée à l'idée de ne pas parvenir à sortir à temps. C'est seulement quand je m'étais retrouvée dehors et que j'avais vu d'épais nuages de fumée jaillir par les fenêtres que j'avais compris la chance que j'avais eue, à quel point j'avais été proche de rester prisonnière.

La maladie de Hinda a représenté la même chose pour moi. C'était comme courir pour sortir d'un édifice en flammes avant que quelque chose de vraiment terrible n'arrive. Nous avons réussi à éviter cette catastrophe. Mais nous ne cessons d'appréhender la suivante. La prochaine fois, je ferai quelque chose. La prochaine fois, je serai comme David.

Sara Gittler

71

Chapitre 5

—Arrête de penser à ce qui est arrivé à Adam, dit Nix.

Laura et Nix étaient au centre commercial ; elles essayaient de trouver une robe pour la fête de la Bat Mitzvah de Laura. Celle-ci avait déjà la tenue qu'elle porterait à la synagogue — une simple jupe noire et un chandail rose duveteux. Sa mère et elle avaient passé des jours à chercher des vêtements appropriés pour l'occasion tout en étant modernes. « Quelque chose que tu mettras plus d'une fois », avait décidé sa mère. La jupe et le chandail convenaient parfaitement.

En ce qui concernait la robe qui serait portée à la fête, la mère de Laura avait accepté de laisser Laura et Nix magasiner toutes seules. « Ne dépasse pas le budget, avait-elle exigé en les déposant à l'entrée du centre commercial. Et rappelle-toi : j'aurai le dernier mot. »

Laura savait ce que cela signifiait : il fallait que le vêtement soit ce que sa mère appelait toujours « adapté à son âge ». « Même si ta Bat Mitzvah signifie que tu deviens une jeune femme, tu es toujours une petite fille dans cette famille. Ne l'oublie pas. »

Une fois à l'intérieur du centre commercial, une Nix fébrile s'était mise à ratisser le rayon « junior » d'un magasin de vêtements. Laura la suivait lentement, morose, encore préoccupée par l'incident qui s'était produit à l'école et par le journal de Sara.

—Adam va bien, reprit Nix. Il n'est rien arrivé de grave.

Laura fronça les sourcils. Nix était si désinvolte ! Elle prenait toujours tout avec un grain de sel. Laura l'admirait pour ce trait de caractère mais, cette fois, elle se montrait peut-être trop insouciante et négligeait quelque chose d'important.

—Je sais qu'Adam va bien.

Lorsqu'elle lui avait téléphoné le soir de l'incident, il avait agi comme si rien n'était arrivé. Un CD des Beatles jouait à tue-tête à l'arrière-plan. Adam lui avait raconté des faits apparemment anodins.

—Savais-tu que, quand John a écrit *I Am the Walrus*, c'était parce qu'il n'en pouvait plus de voir les gens essayer de découvrir le sens de ses paroles ? Il a donc décidé d'écrire quelque chose d'absurde, juste pour voir comment ils réagiraient. C'est fou, non ?

Laura avait ri, soulagée de savoir qu'Adam s'était remis. Nix avait probablement raison. Même si la rencontre avec Steve Collins l'avait effrayée, il n'était rien arrivé de grave, et Laura devait cesser d'y penser.

—Il y a autre chose, dit Laura. Tu sais, le journal que Mme Mandelcorn m'a donné est incroyable. Il a été écrit par une fille juive de notre âge. Tu ne peux pas imaginer ce qu'était sa vie pendant la guerre. Toute sa famille — six personnes — était entassée dans deux petites pièces à l'intérieur du ghetto.

Nix fronça les sourcils, curieuse.

— Tu sais qu'il y avait des endroits appelés camps de concentration, des prisons où de nombreux Juifs étaient déportés.

— Comme Anne Frank.

— Exactement. Comme Anne Frank après que les soldats nazis ont fait irruption dans sa cachette. Eh bien ! même avant les camps de concentration, il y avait en Europe des quartiers dans les villes et les villages où les familles juives devaient aller vivre. Les nazis ont construit des murs autour de ces endroits, avec des fils barbelés et tout. Les Juifs ne pouvaient pas sortir. Dans les ghettos, les gens mouraient de faim, il n'y avait ni électricité ni toilettes...

— ... dégueulasses, l'interrompit Nix.

— En tout cas, cette fille, Sara, a décrit sa vie dans le ghetto, et c'est ce que je suis en train de lire.

Laura avait peine à expliquer comment elle se sentait en se plongeant dans l'ouvrage à la reliure de cuir.

— Certaines parties ressemblent à un journal intime. Mais presque tout le texte se lit comme un roman, sauf que l'histoire est vraie.

La veille, elle avait terminé le passage sur la maladie de Hinda. Une fois de plus, elle était restée éveillée bien trop longtemps à réfléchir à ce qu'avait éprouvé la famille de Sara. S'il fallait que la même chose arrive à sa propre famille ? Si Emma tombait très gravement malade ? Comme bien des jeunes de son âge, Laura n'avait jamais vraiment pensé à des situations de vie et de mort. Elle lisait sur la guerre dans d'autres pays et avait de la peine. Elle était au courant de la pauvreté qui régnait en Afrique et elle essayait d'apporter son aide, comme elle l'avait fait avec son projet. Mais c'était complètement différent de se mettre dans la peau de gens qui souffraient. Et cela semblait se passer quand elle lisait le journal intime de Sara. Elle avait la sensation de se rapprocher de plus en plus de la vie de Sara... de Sara elle-même. Ce n'était ni un roman ni un manuel d'histoire. Les mots sur la page étaient réels ; les vies aussi.

—Bon, celle-ci ou celle-là, dit Nix en montrant deux robes à Laura. J'aime assez l'argentée, parce qu'elle irait à merveille avec tes cheveux noirs. Mais la rouge aussi est mignonne.

Laura ne répondit pas. Son esprit était ailleurs ; elle pensait à la vie de la fille du journal. « Je me demande si Sara pensait à acheter de nouveaux vêtements. Ou peut-être que la nourriture et sa famille étaient ses seuls sujets de préoccupation... »

Nix la tira brusquement de ses pensées.

—Hé ! je te parle !

—Euh... quoi ? Oh ! désolée. Je ne dois pas être d'humeur à magasiner. Je ne sais pas pourquoi.

—Qu'est-ce qui t'arrive ? lui demanda Nix en l'examinant attentivement.

Elle rejeta ses cheveux blonds derrière ses épaules. Ses yeux bleus et froids lançaient des étincelles.

— Tu as l'air d'avoir été consignée parce que tu n'as pas obtenu de A à ton test d'histoire ou quelque chose comme ça. Tu as la carte de crédit de ta mère à la main et tu es dans un magasin rempli de fringues. Qu'est-ce que tu veux de plus ? J'essaie de t'aider, mais tu dois coopérer.

— Je sais. Tu as raison.

Laura secoua la tête et reporta son attention sur les robes que Nix tenait devant elle.

— Je crois que je préférerais quelque chose de bleu, finit-elle par dire.

Bleu ! C'est ça. Comme mon humeur*. Mais elle garda ces pensées pour elle.

Nix sourit.

— C'est mieux. On va trouver la robe la plus bleue, la plus belle qu'on puisse imaginer.

Laura éclata de rire, puis elle adressa un grand sourire à son amie. Nix avait raison. Laura vivait des choses merveilleuses. Et elle voulait prendre le temps d'en profiter. Lorsqu'elle rentra chez elle, elle se sentait épuisée, mais heureuse. Elle avait déniché la robe parfaite : d'un bleu profond, avec de minces bretelles et une crinoline de taffetas sous une jupe ample, qui s'évasait quand Laura tournait sur elle-même. Sa mère l'approuva d'un hochement de tête. Mais, quand Laura l'enleva pour la suspendre soigneusement dans son placard, ses yeux tombèrent sur le journal posé sur sa

* En anglais, blue *veut aussi dire « cafard », « tristesse ».* NDLT

table de chevet. Une fois de plus, son humeur changea.

Elle s'empara du journal intime, le tourna dans ses mains, puis l'ouvrit à la page où elle avait arrêté sa lecture la veille. Le passage suivant était bref.

Le 7 novembre 1941

Aujourd'hui, Deena a utilisé sa dernière feuille. Elle a dessiné un groupe d'enfants debout au milieu de la rue. Ils mendiaient de la nourriture, mais ils souriaient aux gens qui passaient à toute vitesse devant eux. Des enfants affamés qui souriaient! Deena a dit qu'elle voulait rendre ces sourires dans son dessin. Quand elle a eu terminé, elle a refermé sa tablette, elle a enlevé ses lunettes et elle s'est tournée vers moi:

—Voilà. C'était mon dernier dessin, je crois.

Elle m'a regardée fixement. Son regard était vide, morne.

—Que vais-je faire, maintenant?

Elle a chuchoté cette question comme si toute la joie de sa vie s'était envolée. Elle devait se dire que, si elle ne pouvait plus dessiner, rien d'autre ne pouvait donner de sens à son existence. Je ne savais pas quoi lui dire.

Je vais chercher du papier. Je vais déchirer les pages blanches de quelques-uns de mes livres. Je sais combien, pour Deena, c'est important de dessiner. C'est ce qui la fait sourire.

Sara Gittler

Laura eut le cœur brisé en lisant ce passage : elle prenait conscience de l'importance qu'une chose aussi anodine que du papier à dessin avait dans le monde de Sara. Elle se rendait compte qu'elle commençait à considérer Sara comme une amie. Elle s'imaginait même qu'elle lui ressemblait un peu : toutes deux avaient les yeux et les cheveux foncés. Et Laura avait les mêmes insupportables taches de rousseur sur le nez.

Son téléphone sonna, et elle alla à son bureau pour y répondre.

—C'était fantastique, non ? roucoula Nix, encore tout émoustillée.

Laura était tellement prise par le journal de Sara que, l'espace d'un instant, elle n'eut aucune idée de ce à quoi Nix faisait allusion.

—Qu'est-ce qu'il y a de mieux que de passer l'après-midi dans les magasins ? Hé ! tu veux venir chez moi ? Je ferais du maïs soufflé et nous pourrions regarder la télé

Laura ferma les yeux et inspira profondément.

—Non, je ne crois pas. J'ai encore des devoirs à faire et j'ai envie de lire quelques passages du journal.

Quelle était cette irritation qu'elle sentait croître ainsi au fond d'elle ? Il y eut un long moment de silence à l'autre bout. Quand Nix parla, finalement, son ton était froid.

—Je pensais que tu n'accordais aucune importance à cette affaire de parrainage.

—C'est vrai. Mais il s'est passé quelque chose quand j'ai commencé à lire le journal intime de Sara.

Nix était-elle donc incapable de comprendre ça?

—Oublie ça, dit Laura. Il faut que je te laisse.

Pourquoi était-il soudain devenu si difficile de parler avec Nix, de lui expliquer ce qu'elle ressentait? Nix ne semblait pas saisir l'importance de tout ce qui arrivait, et c'était frustrant. Laura ne voulait pas se disputer avec elle, mais on aurait dit que son amie et elle parlaient deux langues différentes. Leurs différences les avaient, au début, attirées l'une vers l'autre. Mais là, elles les éloignaient de plus en plus. Laura avait l'impression d'être à présent entre deux mondes distincts — deux amies — et de devoir presque choisir entre les deux.

Chapitre 6

Laura sortit de sa chambre et partit à la recherche de ses parents. Ils étaient penchés sur la liste définitive des invités qui participeraient à la fête de sa Bat Mitzvah. Ils tentaient de décider qui placer à côté de qui au repas.

— Mais, Gary, on ne peut pas faire asseoir ton oncle Lou à côté de ma cousine Anne, disait la mère de Laura. Tu oublies que, la dernière fois, il a l'insultée en lui affirmant qu'il avait été malade après avoir mangé des muffins qu'elle avait cuisinés pour notre dernier pique-nique. Il a prétendu qu'elle avait essayé de l'empoisonner. Ils ne se sont plus adressé la parole depuis.

— Eh bien ! on ne peut mettre personne d'autre à côté de lui, Lisa, répliqua son père. Ils vont donc devoir faire semblant de s'aimer pendant la soirée.

Laura se laissa tomber entre ses parents en attendant l'occasion de prendre la parole.

— Que se passe-t-il, Laura ? lui demanda enfin sa mère. Tu n'as pas l'air dans ton assiette depuis quelques jours. Ce sont tes cours d'hébreu qui te rendent nerveuse ? Je sais que tu as beaucoup à apprendre, mais il ne faut pas te laisser abattre.

—Non, maman, répondit Laura en secouant la tête. Je n'arrête pas de te dire que, de ce côté-là, tout va bien. C'est à cause du projet de parrainage et du livre que Mme Mandelcorn m'a donné.

Laura avait déjà mentionné le journal à sa mère sans toutefois lui donner de détails. Ses parents attendaient qu'elle s'explique. À cet égard, ils étaient formidables : jamais ils ne la forçaient à parler quand ils la voyaient troublée. Ils la laissaient prendre les devants, ils attendaient qu'elle soit prête puis, comme maintenant, ils mettaient de côté ce qu'ils étaient en train de faire pour être là et l'écouter.

Laura se mit à parler de Sara, de ses parents, de sa grand-mère, de son frère et de sa sœur.

—Je ne sais pas grand-chose du ghetto de Varsovie. Je viens juste de commencer à m'informer à ce sujet.

Elle avait entrepris des recherches. Dans Internet, elle avait essayé d'obtenir quelques renseignements sur les ghettos européens pendant la guerre —quand ils avaient été établis et comment, ce qui s'y était passé... À ses yeux, ce travail supplémentaire prenait tout à coup beaucoup d'importance. À quel moment avait-elle cessé de le considérer comme un fardeau pour sentir qu'il était nécessaire ?

—Je sais que les ghettos étaient souvent construits par les prisonniers eux-mêmes, dit son père. Le mois dernier, un conférencier est venu à notre synagogue. Il s'appelle Henry Grunwald. C'est un survivant du ghetto de Varsovie, et il nous a raconté comment d'autres Juifs et lui ont dû ériger les murs.

Le père de Laura expliqua que les ghettos étaient bâtis à côté des gares ferroviaires.

—Monsieur Grunwald nous a dit que, au début, ils n'étaient conçus que pour séparer les Juifs de leurs voisins. Mais, lorsque les nazis se sont mis à déporter les Juifs vers les camps de concentration, c'était facile de les prendre dans les ghettos pour les entasser dans les trains. C'était la première fois que j'entendais ça.

Laura hocha la tête. Si elle ignorait encore ce qui attendait Sara, elle prévoyait l'issue de l'histoire. La situation ne pouvait qu'empirer.

—La conférence de monsieur Grunwald était tellement émouvante! dit sa mère. Te rappelles-tu, Gary, de ce qu'il nous a dit au sujet de la révolte dans le ghetto? poursuivit-elle, avant de se tourner vers Laura. On a appelé ça le soulèvement du ghetto de Varsovie.

—Je sais, l'interrompit Laura. J'ai lu quelque chose à ce sujet.

La guerre était bien avancée, et la plupart des Juifs du ghetto avaient déjà été expédiés vers les camps de la mort. Mais une organisation clandestine secrète composée de jeunes combattants juifs unissait ses forces pour riposter avec les moyens du bord — quelques fusils, des bombes artisanales et des grenades.

—L'ennemi était tellement plus fort! poursuivit son père. Un petit groupe de combattants contre toute l'armée nazie… Les Juifs étaient condamnés à perdre.

Miraculeusement, la bataille a duré plusieurs semaines. Les nazis ne s'attendaient pas à affronter la résistance des Juifs du ghetto.

La mère de Laura prit la relève.

—Tu imagines l'humiliation des nazis quand une poignée de jeunes Juifs, des hommes et des femmes mal équipés et peu entraînés, a contrecarré leurs plans de déportation? Les nazis ont finalement mis le feu à ce qui restait du ghetto. Les combattants juifs ont, jusqu'au bout, montré un courage incroyable.

Un ange passa tandis que Laura s'efforçait de digérer ce que ses parents lui racontaient. Elle trouvait Sara courageuse, et pourtant elle commençait à peine à connaître sa vie.

—Il y a tellement de choses que je n'arrive pas à comprendre à propos de ce qui s'est produit pendant la guerre. Je pensais le savoir à cause du travail que j'ai fait l'an dernier mais, en fait, non.

—C'est difficile pour chacun de nous de comprendre comment de telles choses ont pu se produire, Laura. Les Allemands avaient des problèmes depuis la fin de la Première Guerre mondiale, et les Juifs leur ont servi de boucs émissaires. Mais ce n'est pas ce que tu veux savoir, n'est-ce pas?

Laura fit non de la tête. Elle ne s'intéressait pas aux détails historiques des événements ayant conduit à la Deuxième Guerre mondiale. Elle se posait la même question que Sara: pourquoi le monde était-il resté passif et avait-il permis à ces événements de se produire?

—Ce projet prend de l'importance pour toi, n'est-ce pas, ma chérie ? demanda doucement sa mère.

—Nix ne comprend pas, lui répondit Laura en secouant la tête. Elle me trouve idiote de ne pas être plus excitée à propos de ma robe.

—Vous êtes de bonnes amies, Nix et toi. Tu trouveras une solution.

Laura acquiesça. Elle embrassa ses parents avant de retourner dans sa chambre. Un courriel de Nix l'attendait à son ordinateur. « Une chose m'échappe. Pourquoi t'intéresses-tu autant à une fille qui a vécu il y a un million d'années ? »

Laura contempla fixement l'écran. Elle n'avait pas envie de répondre à Nix. Des questions et des incertitudes tournaient dans sa tête tandis qu'elle se préparait à se coucher. Elle ne saurait peut-être jamais pourquoi les événements s'étaient déroulés de cette façon pendant la guerre. Une chose, pourtant, était sûre : elle était maintenant engagée dans le projet de parrainage. Et si sa meilleure amie ne pouvait comprendre ses sentiments à l'égard de Sara et de sa vie, eh bien, tant pis !

Laura éteignit son ordinateur sans répondre à Nix. Après avoir préparé ses livres pour le lendemain, elle se mit au lit. Elle prit le livre relié en cuir, l'ouvrit et commença à lire.

Le 9 novembre 1941

David est de nouveau sorti hier soir et, cette fois, le soleil se levait quand il est rentré. J'ignore où il va, parce qu' il parle peu. J'ai tenté de lui poser des questions. Il se contente de hausser les épaules et de marmonner: « Je sors, c'est tout. »

Je sais qu'il y a autre chose. Je sais que des gens se regroupent et s'organisent pour riposter aux nazis. J'ai surpris un jour les propos de David. Il se trouvait dans la cour de notre immeuble avec ses amis, Luba et Josef. J'étais debout derrière la porte, et mon frère ne me voyait pas. C'est alors que j'ai entendu leur conversation.

— Nous sommes forts, disait David. Nous sommes de plus en plus nombreux chaque jour. Bientôt, nous serons en nombre suffisant pour entreprendre une action.

J'ignorais qui était ce « nous », je ne savais pas de quel genre d'action il parlait. Ici, dans le ghetto, il n'y avait pas d'armée juive.

— Nous avons déjà réussi à faire sortir quelques Juifs, a-t-il poursuivi. Nous avons rassemblé des armes et des munitions. D'ici peu, nous nous en servirons.

Il a baissé la voix et jeté un regard circulaire. J'ai reculé dans l'ombre de la porte et tendu l'oreille.

— Un autre convoi est prévu pour bientôt. Nous n'allons pas rester les bras croisés à regarder les nazis emmener nos frères et nos sœurs. Nous nous battrons.

Luba a alors pris la parole.

— Et avec quoi le ferons-nous? Ce n'est pas avec vingt carabines que nous pourrons affronter un de leurs chars d'assaut.

—Je préfère mourir en combattant dans le ghetto que me faire déporter, a répondu David.

Sans rien ajouter, il s'est tourné et a commencé à traverser la cour. J'ai dû faire du bruit, trébucher sur une brique, parce qu'il m'a surprise, cachée derrière la porte. Au début, il était fâché que j'aie écouté leur conversation, mais cela m'était égal. Je lui ai dit que je voulais l'aider, participer à ce qu'il planifiait avec ses amis. Il n'a pas voulu en entendre parler.

—Tu n'es qu'une enfant. Tu es bien trop jeune. Et tu n'as aucune idée des dangers que cela implique.

—Mais si tu peux faire quelque chose, pourquoi pas moi? ai-je insisté. D'ailleurs, j'ai douze ans. Si j'ai l'âge d'être ici, alors je suis assez vieille pour aider. Je peux faire la même chose que toi.

Où ai-je trouvé le courage de défier David de cette façon? Deena en aurait été capable, mais certainement pas moi!

Même David a eu l'air surpris de mon éclat. Il m'a regardée un long moment avant de répondre.

—Qu'allons-nous faire, d'après toi? Importer clandestinement des fusils dans le ghetto? La semaine dernière, mon ami Jakob s'est fait attraper avec un pistolet dans la rue Chlodna. Il n'a probablement même pas vu les militaires en voiture qui s'arrêtaient derrière lui. Une seconde plus tard, il était mort.

David s'est rapproché de moi en poursuivant:

—Je ne te laisserai pas courir ce genre de risque.

Je suis remontée en courant. Je ne voulais plus entendre parler de gens qu'on abattait. Je ne voulais pas savoir qu'un convoi allait partir de notre ghetto. Ni que mon frère et d'autres braveraient les chars d'assaut nazis avec des fusils.

Sara Gittler

Le 19 décembre 1941
On gèle! J'ai les doigts et les orteils engourdis. Je suis assise à l'intérieur, sous une couverture. Aucune chaleur.

Sara Gittler

Le 12 janvier 1942
Aujourd'hui, Tateh m'a emmenée à l'orphelinat. Il en connaît le directeur. « Un grand homme, dit-il. Un être humain généreux. » Avant, Tateh enseignait dans cet établissement ; c'est comme ça qu'il a connu M. Korczak. En fait, Dr Korczak. Mais celui-ci a renoncé à la pratique médicale quand il a décidé de consacrer sa vie aux orphelins. Il a même dirigé un foyer pour les orphelins catholiques, et il rêvait de fonder un lieu où des enfants juifs et catholiques pourraient cohabiter. C'est ce que Tateh m'a raconté. N'est-ce pas une belle idée? Des enfants de religions différentes vivant ensemble comme des frères et des sœurs. Voilà comment ça devrait être.

Ce n'est jamais arrivé, bien sûr. Le Dr Korczak n'a pas été autorisé à diriger l'orphelinat catholique, parce qu'il est juif. Quand le ghetto a été créé, il a décidé de rester avec les enfants dont il prenait soin.

Je ne voulais pas accompagner Tateh à l'orphelinat. J'avais particulièrement faim, ce matin. C'est injuste qu'il y ait si peu à manger ici. Il y a longtemps, avant la guerre, notre glacière était si pleine qu'on aurait dit que, quand on ouvrait la porte, la nourriture allait déborder. À présent, nos étagères sont vides, comme mon estomac. La cantine centrale fournit le repas du midi mais, pour moi, cela n'a rien d'un repas ; en fait, c'est un bol de soupe aqueuse avec quelques légumes qui flottent au-dessus. La carte de rationnement de Tateh nous donne droit à 800 grammes de pain par mois et à 250 grammes de sucre. Nous recevons aussi quelques pommes de terre, parfois un chou ou des betteraves, et, si nous avons de la chance, quelques grammes de confiture. C'est tout. Mama troque nos quelques biens contre des choses comme un os pour la soupe ou quelques grammes de fromage. Mais nous avons de moins en moins de biens à troquer. Nous devrons bientôt commencer à arracher les lattes de bois du plancher !

J'aimerais tant déguster de nouveau, juste une fois, un des repas que Mama cuisinait dans notre ancienne maison —de la poitrine de bœuf rôtie avec des patates douces et des carottes ! À cette époque, j'accordais à peine une pensée aux aliments que je portais à ma bouche. Aujourd'hui, manger le peu de nourriture que nous avons exige de la concentration. Chaque bouchée est délibérée ;

chaque bouchée est mémorable.

—Arrête de t'apitoyer sur toi-même, m'a dit Tateh.

C'est alors qu'il a décidé que je l'accompagnerais à l'orphelinat.

—Le Dr Korczak est un de mes amis, m'a-t-il expliqué. Je veux lui proposer de recommencer à enseigner à l'orphelinat. Cela fera du bien à mon âme.

Je me demandais en quoi cela me concernait et pourquoi je devais l'accompagner.

—Cela va peut-être t'aider à mettre ta vie en perspective, a précisé Tateh, mais je n'ai pas vraiment saisi le sens de ses paroles.

Tateh et le Dr Korczak étaient contents de se voir, et ils se sont étreints un long moment, comme des amis qui se sont perdus de vue depuis longtemps. Le Dr Korczak est grand et mince ; il a une tête ronde et chauve comme une pleine lune. Une vingtaine d'enfants silencieux se tenaient en rangs derrière lui. Le plus vieux avait environ douze ans, et le plus jeune, pas plus de quatre ou cinq. Ils nous regardaient avec curiosité.

—Reste ici avec les enfants, m'a dit Tateh. Je vais parler avec Janusz. Je n'en ai pas pour longtemps.

Dès que Tateh s'est éloigné avec le Dr Korczak, un groupe de garçons et de filles s'est pressé autour de moi. La plupart ne pouvaient être plus âgés que Hinda, et je me suis sentie encore plus triste que le jour où j'avais abandonné mon chat avant de venir au ghetto. Ces enfants n'avaient ni parents ni grands-parents pour prendre soin d'eux et les aimer. Non seulement ils vivaient dans cet horrible ghetto, mais ils étaient complètement seuls. Pourtant, ils n'avaient pas du tout l'air malheureux. En vérité, Bubbeh semblait plus triste qu'eux, alors que nous étions tous avec elle !

Les enfants me tiraient par la main ; ils voulaient que j'aille jouer avec eux. Je les ai suivis dans une pièce plus grande. Là, ils m'ont entourée, et il y avait une telle attente dans leurs yeux que j'ai soudain eu une idée.

— Bien, écoutez, ai-je dit. Assoyez-vous, je vais vous raconter une histoire.

Ils se sont laissé tomber à mes pieds, et je leur ai conté la légende du trompettiste de Cracovie.

Il était une fois une sentinelle qui montait la garde dans la plus haute tour de Cracovie, l'église Mariacki. Cette sentinelle soufflait dans sa trompette si elle pensait que la ville était en danger.

Un soir, elle vit approcher une horde d'envahisseurs. Elle souffla dans sa trompette pour avertir les citoyens. Les envahisseurs tirèrent des flèches sur elle dans la tour, mais elle continua à souffler dans son instrument, jusqu'au moment où une flèche se planta dans sa gorge.

À la fin, les envahisseurs furent forcés de reculer ; la ville était sauvée, mais la sentinelle avait succombé à ses blessures.

Depuis ce jour, un trompettiste joue une petite mélodie à Cracovie, un air qui est répété toutes les heures. Il se termine brusquement sur une note aiguë pour rendre hommage à la sentinelle qui sacrifia sa vie pour protéger sa ville.

Pendant que je racontais cette histoire, le visage d'un petit garçon a attiré mon attention. Il avait les cheveux foncés, les yeux noirs et des taches de rousseur sur le nez, tout comme moi. Il m'écoutait avec des yeux tellement ronds que je croyais qu'ils allaient lui sortir de la tête. Je finissais quand Tateh et le Dr Korczak sont entrés dans la pièce.

—En voilà une qui deviendra sûrement un bon professeur, comme vous, a déclaré le Dr Korczak en faisant un geste dans ma direction.

Tateh a souri d'un air approbateur.

Avant de partir, j'ai dit au revoir aux enfants, puis je me suis adressée au petit garçon avec les taches de rousseur.

—Mon histoire t'a plu?

Il a acquiescé d'un signe tête.

—Comment t'appelles-tu?

—Jankel. Est-ce que tu reviendras? Tu reviendras nous raconter une autre histoire?

—J'essaierai.

Je me suis penchée pour le serrer dans mes bras avant de sortir avec Tateh.

—C'est bien, ce que tu as fait là, Saraleh, m'a dit Tateh. Ces pauvres enfants sont complètement démunis. Sans Janusz, qui sait ce qu'ils deviendraient? Il leur trouve de la nourriture et des vêtements, et des lits pour dormir. Il organise même des activités pour eux et il leur monte des pièces de théâtre. Tu imagines, dans ces conditions sordides, des enfants jouent!

Je n'ai pas parlé pendant le trajet de retour. Je réfléchissais à ce que Tateh m'avait raconté. Ce matin, j'avais l'impression d'être une infortunée. J'avais très peu à manger, je dormais dans une chambre exiguë que je partageais avec ma grand-mère, et je ne possédais aucun vêtement neuf. Mais, si je comparais mon sort à celui de ces enfants, je détenais toutes les richesses du monde. J'avais mes parents, Bubbeh, Hinda et même David, qu'il me parle ou non. Quand on voit la détresse des autres, notre propre vie peut soudain sembler bien meilleure. Je me suis aussitôt juré de retourner à l'orphelinat chaque fois que je le pourrais.

Sara Gittler

Le 16 janvier 1942
Hier, David est sorti sans son brassard. C'est illégal, et on peut être arrêté ou même abattu si on est surpris ainsi. Dehors, tout le monde doit porter un brassard blanc avec l'étoile bleue de David. Je déteste cet insigne. C'est comme un étau qui enserre mon bras de plus en plus fort, me rappelant ma différence. Nous devons fabriquer les brassards nous-mêmes ou les acheter au garçon qui se promène dans la rue avec des douzaines d'entre eux suspendus sur un support. Mama refuse de payer pour ça. Elle dit que ça fait penser à la construction du ghetto : « Les hommes ont bâti une prison et, maintenant, les femmes devraient acheter des uniformes de prisonniers ! C'est ridicule. » C'est pourquoi Bubbeh, elle et moi les cousons à la

main. Bubbeh a ainsi quelque chose à faire, quelque chose qui empêche son esprit de sombrer dans la tristesse.

J'ai aperçu le brassard de David sur son lit. Je me suis donc lancée à sa poursuite pour l'avertir. Je pensais qu'il l'avait peut-être juste oublié. Eh bien, j'aurais dû savoir que non ! Quand je l'ai rattrapé à l'angle de notre immeuble, il s'est retourné et m'a ordonné de le laisser tranquille et de rentrer.

Je n'ai rien dit à Mama et à Tateh ; je ne voulais pas les inquiéter. Je me suis donc assise sur le lit de David, et je me suis balancée d'avant en arrière. Croyant que j'étais malade, Mama ne cessait de venir presser ses lèvres sur mon front pour voir si je faisais de la fièvre. En vérité, j'étais malade de peur : je craignais pour la sécurité de mon frère.

Il est rentré à la fin de la soirée, et vous ne le croirez pas : quand il a ouvert son manteau, de la nourriture en est tombée. Il y avait deux bottes de carottes, un chou et quelques oignons. Il a même sorti de ses poches un sac de sucre et un autre de farine. C'était comme un trésor qui nous tombait du ciel : absolument incroyable ! Mama s'est précipitée vers lui et l'a serré dans ses bras en poussant de petits cris de joie. Mais, tout de suite après, j'ai cru qu'elle allait l'étrangler. Nous ignorions comment il avait trouvé cette nourriture, mais nous savions que cela avait dû être follement dangereux.

Plus tard dans la soirée, alors que tout le monde dormait, je suis allée voir David et je lui carrément demandé comment il avait obtenu tous ces aliments. Au début, il a refusé de me le dire. Mais je suis restée là et j'ai attendu.

Il s'est finalement mis à parler. Il m'a expliqué qu'il y avait une façon de sortir du ghetto — par des trous dans les murs creusés par quelques Juifs. David s'était faufilé par un de ces trous et était allé se procurer la nourriture.

— Je me suis rendu au vieux marché près de chez nous, m'a-t-il raconté. M. Novakowski était toujours là à vendre ses produits comme si rien n'avait changé dans le monde. Quand il m'a vu entrer dans son magasin, j'ai pensé qu'il allait avoir une crise cardiaque.

David aurait été arrêté aussitôt si on l'avait surpris, lui, un Juif, dans les rues de Varsovie. Nous le savions tous deux, M. Novakowski aurait pu être puni, lui aussi, si on l'avait vu parler à un Juif.

— C'était à mon avantage, a poursuivi David. Je me suis dit que M. Novakowski ferait n'importe quoi pour que je sorte le plus vite possible. Il m'a fourré toutes ces choses dans les mains, et j'ai disparu à toute vitesse.

Le plus dur avait été de revenir au ghetto, m'a confié David.

— C'était comme un goût de liberté. Encore meilleur que tous les légumes que j'avais dans mes poches...

David à l'extérieur des murs du ghetto : cela dépassait mon imagination. La tête me tournait à cette seule idée.

— Emmène-moi !

Les mots étaient sortis de ma bouche avant que j'aie eu le temps d'y réfléchir.

— La prochaine fois que tu sors, emmène-moi, ai-je insisté.

La réalité du danger ne m'a même pas effleuré l'esprit.

—S'il te plaît, David, l'ai-je supplié. Il faut que je fasse quelque chose. Je suis petite, je pourrais me faufiler dans des endroits inaccessibles pour toi.

David se taisait. L'espace d'un instant, j'ai craint que, encore une fois, il m'ordonne de le laisser tranquille, me répète que j'étais trop jeune. Mais pas cette fois.

—Je vais y penser, m'a-t-il dit après un moment.

Aujourd'hui, Mama a préparé un ragoût, et nous nous sommes régalés. Elle a même ajouté un os qu'elle gardait pour une occasion spéciale. Il y avait des semaines que je n'avais pas eu le ventre aussi plein. Mais ce qui m'a fait le plus plaisir, c'est que David a dit que je pourrais peut-être l'aider. Ne serait-ce pas une ironie du sort si le ghetto parvenait à nous rapprocher, David et moi?

Sara Gittler

Chapitre 7

Essayant de chasser son épuisement, Laura se frotta les yeux en s'approchant de la table pour déjeuner, deux jours plus tard. Ce n'était pas à cause de la lecture du journal qu'elle était fatiguée, même si elle avait lu jusqu'aux petites heures les deux derniers soirs. C'était parce que, après avoir refermé le journal, elle avait été incapable de s'endormir. Elle avait fermé les yeux, essayé de respirer profondément, de concentrer son attention sur d'autres choses — des « pensées heureuses », comme sa mère les appelait. Cela n'avait servi à rien. Elle avait beau essayer, elle ne pouvait cesser de penser à Sara, à sa famille, à la menace de déportation, à l'orphelinat. Elle avait l'impression de se trouver dans un manège, dans des montagnes russes, et de se retenir de toutes ses forces, tandis que les événements de la vie de Sara tournoyaient dans sa tête. Chaque soir, Laura s'était tournée et retournée dans son lit pendant des heures.

La nuit dernière avait été encore pire. Quand Laura s'était finalement endormie, elle avait fait un rêve. Elle s'était vue marcher avec Emma au milieu d'une longue file d'enfants. C'était le soir — ou, du moins, c'en avait l'air. Le ciel était noir, et une brume épaisse restait suspendue dans les airs, comme un smog malsain par une journée humide et nuageuse. Ses parents n'étaient nulle part en vue. Laura les cherchait partout, tournant la tête à gauche et à droite, devant et derrière. En vain. Emma et elle étaient toutes seules, orphelines dans une mer d'enfants. Elle cramponnait la main de sa petite sœur, consciente du fait qu'elle ne devait pas la lâcher ; si elle la lâchait, elle perdrait le dernier fil, le dernier lien avec un membre de sa famille. Quelqu'un la poussa brutalement dans le dos et, quand elle se retourna, elle se retrouva face à face avec un homme qui la lorgnait, l'air mauvais. Il ouvrit la bouche et vociféra : « Juive ! » Le son rebondit et se répercuta dans l'air épais. Laura tituba et trébucha ; ses doigts glissèrent de la main de sa sœur. « Emma ! » hurla-t-elle, mais le son de sa voix se perdit dans la fumée dense qui l'avalait.

Elle se réveilla en sursaut. Son front ruisselait de sueur, et elle avait la gorge sèche et serrée, comme si quelque chose qu'elle avait mangé était en train de l'étouffer. Les rêves étaient pires que les histoires, pensa-t-elle. Impossible de les repousser, de les mettre de côté en attendant d'être prêt à les affronter ! Les rêves pénétraient en nous à notre insu et nous tenaient dans leurs griffes. Si elle n'avait eu que trois ou quatre ans, elle serait vite allée à la chambre de ses parents ; là, en sécurité dans les bras de sa mère, elle aurait trouvé paix et réconfort. Mais elle avait passé depuis longtemps l'âge de ce rituel enfantin. Au lieu de cela, donc, elle resta éveillée dans son lit, hantée par les images de son cauchemar, jusqu'au moment où la lumière de l'aube s'infiltra dans sa chambre à travers les stores, et où elle entendit ses parents se lever et se préparer pour la journée.

Elle resta allongée quelques minutes de plus. Emma était réveillée et trottinait dans le corridor en rappelant à sa mère qu'elle avait promis de donner des biscuits à tous les enfants de sa classe. « C'est fou », pensa Laura. Elle devait cesser de se sentir liée aux histoires de Sara, de se laisser atteindre. Pourquoi ce journal exerçait-il un tel pouvoir sur elle ? Elle était incapable de répondre à cette question. Elle ne savait que ceci : quelque chose la propulsait de plus en plus profondément dans la vie de Sara.

Lorsqu'elle gagna la table de la cuisine, elle vit que sa mère avait préparé un sac de biscuits pour Emma, qui mangeait joyeusement son déjeuner tout en bavardant à propos des feuilles d'arbre qu'elle avait ramassées pour un travail scolaire.

—Moi aussi, je fais un travail très important, dit Emma en fronçant les sourcils d'un air sérieux.

Les parents lui répondaient tout en parcourant le journal —leur rituel matinal. Ils divisaient les sections et les lisaient tour à tour. Laura attrapa une tranche de pain grillée et un verre de jus d'orange, puis s'attabla.

Elle se hâta de prendre une section du journal et de cacher sa tête derrière dans l'espoir que ses parents ne remarqueraient pas ses yeux rouges et bouffis, et sa pâleur. Elle avait bien aspergé son visage d'eau froide pour lui faire retrouver ses couleurs, mais elle savait qu'il y avait des choses qu'elle ne pouvait cacher à sa mère. Elle s'attendait donc à un interrogatoire en règle.

Elle parcourut les grands titres, ses yeux passant d'un article à l'autre, quand quelque chose attira soudain son attention. Elle se raidit. Là, au milieu de la page, des lettres noires lui sautèrent pratiquement au visage.

UN CIMETIÈRE JUIF VANDALISÉ

— Laura, n'oublie pas ton rendez-vous chez l'orthodontiste. Je veux que tu rentres tout de suite après l'école.

Sa mère lui parlait, mais elle n'entendait rien.

— Tu m'écoutes, Laura?

Elle leva la tête et regarda fixement sa mère.

— Qu'est-ce qui se passe? demanda celle-ci. Il y a un problème?

— Tu as vu ça? chuchota Laura.

Elle étala le journal sur la table pour que chacun puisse y jeter un œil; elle se sentait trop atterrée pour ajouter quoi que ce soit.

Son père prit le journal et le parcourut rapidement.

— On dit qu'un certain nombre de pierres

tombales ont été renversées et que plusieurs d'entre elles ont été cassées en deux.

Il poursuivit, lisant l'article à voix haute :

Pour l'instant, il n'y a aucun suspect, mais la police croit que plusieurs adolescents sont responsables des dommages. Elle demande au public de lui fournir des renseignements qui pourraient mener à l'arrestation des jeunes impliqués dans ce crime.

—C'est ignoble ! s'écria-t-il en levant la tête, le visage empourpré.

Laura saisit le journal et continua de lire. Selon l'article, le directeur du cimetière avait découvert les dégâts le matin, à son arrivée sur les lieux, et il avait rapporté l'incident à la police. Les autorités décrivaient l'événement comme un cas évident d'antisémitisme, « une action haineuse perpétrée contre la communauté juive ». Il y avait également une citation du maire, qui déclarait qu'il prenait l'incident au sérieux.

Nous ne tolérerons pas cet acte de vandalisme. J'appuie nos amis juifs et, avec tous les citoyens respectables, je condamne ce geste absurde. Je demande à toute la communauté de combattre l'antisémitisme chaque fois qu'il se manifeste.

Le journal publiait également des photos. Sur l'une d'elles, on voyait une pierre tombale couchée sur un côté et cassée en deux. Quelqu'un — un des vandales — avait vaporisé de la peinture rouge vif sur la pierre et dessiné une croix gammée, masquant ainsi le nom de la personne défunte. Laura connaissait la signification de ce dessin. Hitler avait adopté cet emblème comme symbole du Parti nazi. Toutes les vieilles photos de Hitler le représentaient devant d'immenses drapeaux arborant la croix gammée. Et, quand les nazis avaient commencé à interdire aux Juifs l'accès aux restaurants, aux parcs et aux écoles, ils avaient peint le même signe sur les vitrines des magasins et sur les portes des restaurants. Laura prit conscience du fait que ceux qui avaient vaporisé la peinture et dessiné les croix gammées dans le cimetière étaient animés du même genre de haine.

— Je ne peux croire que de telles choses puissent arriver ici, dit la mère de Laura.

— Maman ?

Laura scruta le visage de sa mère, y cherchant un peu de réconfort. Même Emma, habituellement volubile, s'était tue, comme sous le choc. Elle dévisageait ses parents en s'efforçant d'absorber ce qu'elle pouvait de la conversation, consciente qu'il se passait quelque chose de grave.

— Je sais à quel point c'est bouleversant, mais tu ne dois pas t'inquiéter, ma chérie. Tout va s'arranger, affirma sa mère. La police va trouver les responsables. Nous en reparlerons plus tard.

Laura était sans voix. Elle connaissait ce cimetière ;

il se trouvait à proximité de son école, et elle passait devant tous les jours. Le journal avait qualifié ce qui était arrivé d'antisémitisme —« une action haineuse perpétrée contre la communauté juive». C'était plutôt terrifiant, mais encore plus effrayant de constater qu'on n'était pas en 1939 et qu'on ne parlait pas de la Pologne. Cela se passait aujourd'hui dans la ville de Laura, voire dans son propre quartier! La comparaison avec ce qu'elle avait lu sur la vie de Sara à Varsovie était accablante.

Chapitre 8

Laura emprunta le chemin le plus long pour se rendre à son école. Elle voulait longer le cimetière et voir de ses yeux ce qui s'était passé. Au début, rien de particulier n'attira son regard. Le cimetière paraissait aussi paisible que d'habitude. Des buttes verdoyantes et des arbres géants entouraient les pierres tombales, alignées comme des rangées de pupitres. Puis, elle aperçut quelque chose dans un angle, près d'une clôture extérieure en fer forgé : le ruban jaune de la police était enroulé autour de plusieurs arbres et encerclait une petite section du cimetière. Laura s'approcha de la clôture et pressa son visage entre deux barreaux en fer forgé. Elle put voir les pierres tombales renversées qu'on montrait dans le journal. Même à cette distance, les croix gammées peintes en rouge luisaient comme les enseignes au néon d'un parc d'attractions. Plusieurs officiers de police patrouillaient la zone et s'assuraient que personne n'en approchait. Quelques individus se tenaient d'un côté. Au début, Laura se demanda s'il s'agissait de suspects. En les regardant de plus près, elle se rendit compte que c'était sans doute des gens dont les proches étaient enterrés dans la section vandalisée du cimetière. Des hommes et des femmes étaient blottis les uns contre les autres. Plusieurs pleuraient en contemplant le désastre. Laura comprenait leur peine : non seulement ils avaient perdu un parent, mais ils voyaient aussi son lieu de repos détruit et défiguré d'une manière horrible. Malgré la chaleur de l'air du matin, Laura frissonna.

Lorsqu'elle arriva à l'école, la cour était bondée d'élèves qui parlaient de l'incident survenu au cimetière. Laura chercha Adam des yeux. Elle finit par le trouver appuyé contre un mur. Il portait l'un de ses innombrables tee-shirts des Beatles. Sur celui-ci apparaissaient le visage de John Lennon et, en dessous, le message *Give peace a chance**. Laura rejoignit son ami en se frayant un chemin au milieu de la cohue.

—Tu as appris ce qui s'est passé au cimetière ?

—Qui n'est pas au courant ? répondit Adam. Mes parents étaient comme fous ce matin. Ils pensent que le monde est devenu méchant. Et la police est partout dans l'école.

Adam fit un geste en direction de l'escalier, et Laura le suivit des yeux. Deux agents de police se tenaient à la porte. Ils arrêtaient quelques élèves au passage et leur parlaient d'un air concentré.

—Qu'est-ce qu'ils font ici ? demanda-t-elle.

—Le cimetière se trouve à deux pas, expliqua Adam en haussant les épaules. Et, d'après l'article du

---

* *Donne une chance à la paix.* NDLT

journal, des jeunes sont probablement responsables de ce qui s'est passé. La police doit penser qu'un élève de l'école est impliqué.

—Ils ont arrêté quelqu'un ?

—Je ne crois pas. À mon avis, ils se contentent de poser des questions pour savoir si quelqu'un a vu ce qui s'est passé.

Laura et Adam se turent un instant pour observer l'activité autour des portes.

—C'est tellement bizarre ! reprit Laura. Je suis en train de lire le journal intime qu'une fille a écrit pendant l'Holocauste. Elle parle de toutes les fois où les Juifs ont été victimes de discrimination ; elle décrit, par exemple, comment on peignait des signes sur les restaurants et les théâtres ordonnant aux Juifs de déguerpir. Et voilà qu'il se passe la même chose dans notre propre quartier. Ce n'est pas censé arriver ici.

Elle s'interrompit pour laisser ses mots faire effet.

—Hé ! tu as vu Nix ? demanda Adam.

C'était le moment où, d'habitude, ils se retrouvaient devant l'école.

—Elle doit être en retard, comme d'habitude, répondit Laura, mal à l'aise.

Elle évitait Nix depuis deux jours et elle n'était pas sûre d'être prête à lui faire face. Elle ne savait pas comment lui parler après le courriel que celle-ci lui avait envoyé deux soirs plus tôt. De toute façon, la cloche allait sonner d'un instant à l'autre, et Laura devait se rendre à son cours.

Soudain, elle aperçut Nix, qui avait quelques minutes d'avance et qui se dirigeait lentement vers l'école. Elle avait les yeux fixés sur les policiers à la porte d'entrée. Elle paraissait si captivée par ce qui se passait là qu'elle faillit dépasser Laura et Adam sans les voir.

—Hé! on est là! cria Adam.

Nix s'arrêta brusquement et lança un regard à Laura, puis à Adam. L'air incertain, elle agita la main, puis elle fit comme si elle allait continuer sans leur parler.

—Attends! dit Adam. Qu'est-ce qui t'arrive?

—Je… il faut que j'aille à mon cours.

—Depuis quand te préoccupes-tu d'être à l'heure?

Le manque de ponctualité de Nix l'agaçait parfois, lui aussi.

—Hé! tu es au courant pour le cimetière?

Laura restait à l'écart, ne sachant quoi dire à son amie. Elle laissait Adam parler.

—Ouais, mais ce n'est pas si grave que ça, répondit Nix en se retournant pour s'éloigner.

—Tu veux rire? lâcha Laura. C'est énorme. La police recherche des suspects.

—Des idiots, j'imagine, dit Nix en haussant les épaules.

—C'est plus que ça!

Laura sentit ses joues s'enflammer. Soudain, elle avait beaucoup à dire.

—Ils ont détruit des tombes. Et peint des croix gammées, des signes nazis, sur les pierres. Tu n'as pas lu le journal?

Laura ne pouvait en supporter davantage. Elle ne parvenait pas à croire que Nix était à ce point indifférente.

—Évidemment que je l'ai lu, rétorqua Nix. Et alors? On n'a rien fait. Pourquoi piques-tu une crise comme ça?

Laura avait l'impression de se trouver devant une étrangère. Elle resta bouche bée.

—Je suis perturbée parce que c'est le cimetière juif. Et les vandales n'ont pas seulement commis des actes stupides. Ils ont fait des choses horribles aux tombes de personnes… de personnes juives. Je suis bouleversée, parce que je suis en train de lire le journal qu'une fille juive a tenu pendant la guerre, et parce qu'il n'y avait personne pour l'aider quand ce genre de chose est arrivé à sa famille et à elle. Je suis bouleversée parce que tu n'as pas l'air de comprendre. Voilà pourquoi je pique une crise!

Le ton de Laura montait. Comment Nix pouvait-elle se montrer si insensible, si détachée?

—Ça ne te dérange donc pas?

Nix haussa de nouveau les épaules et jeta un regard aux policiers.

—À ton avis, que va-t-il se passer s'ils attrapent ceux qui ont fait ça?

—Ils vont aller en prison, j'espère, répondit Laura.

—Mais personne n'a été blessé, non? continua Nix. C'est comme quand ces gars de secondaire 3 ont cassé la vitre à l'arrière de l'école. Ils ont payé pour les dommages, et ç'a été tout.

— Mais c'était un accident, Nix, alors que ce qui s'est passé hier est délibéré… et terrible.

L'attitude de Nix devenait de plus en plus bizarre et troublante.

— Il faut que j'aille à mon cours, répéta Nix en s'éloignant.

— Attends ! cria Laura.

— Je suis en retard, lança Nix par-dessus son épaule.

— On se voit à l'heure du lunch ?

Tout en étant bouleversée par la réaction de Nix, Laura éprouvait le besoin de lui parler, d'essayer de lui faire comprendre la situation. Mais Nix poursuivit son chemin sans se retourner.

— C'était vraiment bizarre, finit par dire Adam. D'après toi, quelle mouche la pique ?

— On dirait que plus rien d'important ne compte pour elle.

Cela ne ressemblait pas à Nix. Elle siégeait au conseil étudiant, elle amassait de l'argent pour les sans-abri de la ville, elle recueillait des animaux abandonnés… Elle se souciait des choses et des gens. C'était complètement absurde de la voir ignorer l'énormité de ce crime et suggérer que c'était anodin. Laura se tut et se frotta les yeux. Elle se sentait épuisée à cause de son manque de sommeil et des événements du matin. Tout était si troublant !

L'incident au cimetière, l'attitude de son amie, la vie de Sara… tout !

Chapitre 9

Après l'école, Laura rentra chez elle à pied avec Adam. À l'heure du dîner, elle avait essayé de trouver Nix, en vain. Elle avait donc mangé toute seule, dehors, assise sur les marches. De là où elle se trouvait, elle pouvait voir le cimetière un peu plus loin. Des voitures de police étaient encore garées devant les lieux, et on semblait continuer à aller à la section où les tombes avaient été vandalisées ou à en venir. Les policiers avaient quitté l'école ; cependant, avant de partir, ils avaient diffusé une annonce par les haut-parleurs. Ils avaient expliqué qu'ils suivaient quelques pistes, mais qu'ils avaient besoin de l'aide d'élèves qui avaient été témoins de l'incident. « Tout renseignement, peu importe à quel point il peut vous sembler banal, peut se révéler essentiel », avait précisé un policier. Quand il avait eu fini de parler, M. Garrett avait pris la parole pour presser les élèves de réagir et d'aider à élucider le crime.

Laura avait écouté tout cela avec un certain détachement. Le vandalisme perpétré au cimetière la perturbait terriblement, mais l'attitude de Nix la bouleversait encore plus. Pourquoi son amie l'évitait-elle et se comportait-elle si étrangement ? Pourquoi semblait-elle si indifférente à ce qui s'était passé ?

—Alors, si je comprends bien, tu soupçonnes Nix ? demanda Adam alors qu'ils longeaient de nouveau le cimetière.

Il y avait quelque chose d'étrange dans l'air. On aurait dit que le crime flottait encore là, comme un linceul.

—Non ! Je ne sais pas. Non, bien sûr ! s'écria Laura.

C'était impossible : Nix ne pouvait avoir joué de rôle dans ce drame. Mais alors, comment expliquer son comportement ? Elle n'avait témoigné aucun intérêt au journal de Sara et, maintenant, elle restait passive devant l'acte de vandalisme.

—Tu l'as vue ce matin, Ad. C'est à peine si elle nous a regardés. Et elle a posé toutes ces questions sur ce qui arriverait si on attrapait les coupables. Ensuite, elle a laissé entendre que tout ça n'avait aucune importance.

—Selon toi, ce serait comme ces histoires qu'on lit sur le gentil voisin qui est en fait un tueur en série ou quelque chose du genre, dit Adam en faisant passer son sac à dos d'une épaule à l'autre.

—Arrête ! Ce n'est pas une blague !

C'était déjà suffisamment pénible de penser que Nix pouvait être impliquée dans l'incident.

—Alors, qu'est-ce que tu vas faire ?

Laura secoua la tête.

—Je n'en ai aucune idée. Mais je sais que je dois lui parler et essayer de voir ce qui se passe.

Sans vraie conversation, tout n'était que spéculation et ragots. Et c'était très dangereux.

—Veux-tu que je fasse quelque chose? Rappelle-toi ce que John disait: *I get by with a little help from my friends**.

En souriant, Laura secoua de nouveau la tête.

—Merci, Adam. Je te laisserai savoir si quelque chose se produit.

Elle commença par téléphoner à Nix dès son retour de chez l'orthodontiste. Personne ne répondit, et elle ne se donna pas la peine de laisser un message. Elle téléphona à plusieurs reprises, jusqu'à ce que Peter, le frère de Nix, réponde enfin.

—Non… euh… elle n'est pas là. Dites donc, les filles, vous vous êtes querellées ou quoi?

—Non, dit Laura sur un ton las. Sais-tu où elle est?

—Elle… hum… est sortie. Elle est juste sortie. Je vais lui dire que tu as appelé.

Et il raccrocha.

Laura resta assise une minute de plus, le téléphone à la main, à écouter la tonalité. Ça devenait de plus en plus bizarre et inquiétant. Non seulement Nix l'évitait à l'école, mais elle refusait de lui parler au téléphone. Elle devait se trouver chez elle; elle avait probablement persuadé son frère de mentir. Pourquoi?

* Je m'en sors avec un peu d'aide de mes amis. NDLT

115

Laura passa quelques heures devant son devoir ; elle était consciente qu'elle avait beaucoup à faire, mais elle était incapable de se concentrer. Elle ne pensait qu'à parler avec son amie et à essayer d'élucider le problème. Rien d'autre ne comptait.

Vingt-trois heures. Était-il trop tard pour la rappeler ?

Laura secoua la tête. « Il faut que j'essaie une dernière fois », se dit-elle en prenant le téléphone. Quand, à la quatrième sonnerie, Nix répondit, Laura exhala lentement.

— Allô.

Nix avait une petite voix timide, qui ne ressemblait pas du tout à celle de la personne sûre d'elle qu'elle était.

— Enfin ! s'écria Laura. Qu'est-ce qui se passe, Nix ?

Elle avait voulu garder son calme quand Nix avait décroché, mais elle ne pouvait s'empêcher d'exprimer sa frustration.

— Il se passe quelque chose. Dis-le-moi… s'il te plaît.

— Il n'y a rien. Écoute, je suis vraiment très occupée en ce moment. Je te verrai demain… promis.

Laura sentait que Nix allait raccrocher et elle ne pouvait laisser cela se produire. C'était l'occasion d'affronter son amie.

— C'est toi qui as commis cet acte de vandalisme ?

C'est pour ça que tu refuses de me parler ?

Il y eut un silence. Nix avait-elle raccroché ou s'était-elle figée devant l'accusation de Laura ? Une petite voix résonna soudain à l'autre bout.

— C'est ce que tu penses ? Tu crois que je pourrais vraiment faire ce genre de chose ?

— Eh bien, tu as une attitude tellement bizarre, et tu ne dis rien ! Hier, tu te fichais éperdument du journal intime que je lis, et aujourd'hui tu restes froide devant ce qui est arrivé.

Laura refoula les larmes brûlantes qui montaient à ses yeux. Elle ne voulait pas pleurer. Elle se sentait pourtant dangereusement près de découvrir une chose qu'elle préférait ignorer à propos de sa meilleure amie. Une chose qui lui faisait peur.

— Je ne pourrais jamais faire ça, répondit finalement Nix. Tu ne le sais pas ? Et, oui, moi aussi, je pense que c'est horrible.

— Dans ce cas, qu'est-ce qui ne va pas ? Pourquoi t'es-tu comportée de cette façon ?

De nouveau, le silence. Laura cramponnait le récepteur, priant muettement que son amie se confie à elle. Après ce qui parut être une éternité, Nix s'expliqua enfin.

— Je les ai vus.

— Quoi ?

L'espace d'un instant, Laura ne fut pas sûre de comprendre ce qu'elle avait entendu.

— Je les ai vus... les garçons qui ont fait ça. Ils étaient trois. Ils fréquentent notre école. Ils sont en secondaire 3. Tu les connais.

Nix se tut un long moment.

— Ce sont ceux qui ont fait peur à Adam la semaine dernière, reprit-elle après avoir inspiré profondément. Hier, j'avais une réunion du conseil et je suis sortie tard de l'école. J'ai voulu prendre un raccourci en passant par le cimetière. Je venais d'arriver au gros arbre à côté de la clôture quand j'ai aperçu ces trois gars près des pierres tombales. Comme ils semblaient préparer un mauvais coup, je me suis cachée derrière l'arbre pour ne pas qu'ils me voient. J'avais peur. Je n'arrêtais pas de penser à ce qu'ils avaient dit à Adam, à la façon dont ils l'avaient menacé, dont ils intimidaient tout le monde... J'ai décidé d'attendre qu'ils partent avant de rentrer chez moi. C'est alors que j'en ai vu un brandir une cannette et vaporiser la peinture pendant que les deux autres renversaient les pierres tombales.

Nix expliqua ensuite que, terrifiée, elle avait assisté à la scène, cachée derrière l'arbre, ne sachant quoi faire, priant pour qu'ils ne la voient pas.

— Ils sont enfin partis, et je me suis sauvée à toutes jambes. Je n'ai pas regardé en arrière, pas une seconde.

Les yeux fermés, Laura écouta tout le récit pendant qu'un mélange d'émotions explosait en elle : du soulagement (en fin de compte, Nix n'avait pas commis le crime) ; de la peur (son amie aurait pu être blessée si elle avait été surprise à espionner) ; de la colère (pourquoi Nix avait-elle eu l'impression de ne pas pouvoir se confier à elle ?)…

— Me l'aurais-tu raconté si je n'avais pas insisté ? voulut savoir Laura.

— Je te le dis maintenant.

— Seulement parce que je t'y ai obligée !

— Pourquoi est-ce si important ? demanda Nix après un long silence.

Laura prit une grande respiration. Nix n'avait toujours pas l'air de comprendre.

— Tu es un témoin.

— Je sais.

— Alors, tu dois en parler à quelqu'un… à tes parents, à la police.

— Pas question ! cria Nix. Ces types peuvent être expulsés de l'école. Ils peuvent être arrêtés. Tu ne saisis pas ? Si l'un d'eux découvre que je les ai dénoncés, ils risquent de s'en prendre à moi.

— Mais c'est toi-même qui as dit à Adam de les braver, protesta Laura en s'efforçant de rester calme.

— Je sais. Mais c'est différent quand on est la personne menacée.

— Tu dois les dénoncer, insista Laura. Tu ne dois pas simplement t'en aller et faire comme si de rien n'était.

— C'est pour ça que je ne voulais pas t'en parler,

dit Nix, dont le ton montait. Pas question de m'impliquer dans cette affaire ! Que la police trouve les coupables toute seule.

Laura avait peine à contrôler les battements accélérés de son cœur et la colère qu'elle sentait sourdre en elle. Mais elle devait mesurer ses paroles si elle voulait convaincre Nix de révéler ce qu'elle savait.

—Tu te rappelles à quel point nous avons insisté pour que nos parents nous laissent participer aux recherches quand le petit garçon a été porté disparu le mois dernier ?

Tout le monde avait craint le pire —qu'on ait kidnappé ou même tué cet enfant de quatre ans. Heureusement, il avait été retrouvé. Il dormait dans un parc du voisinage. Il avait joué à cache-cache avec des copains et il s'était caché un peu plus loin. Comme personne ne l'avait trouvé, il s'était endormi. Un groupe de sauveteurs l'avait découvert quelques heures plus tard. Cet incident avait également fait la une du journal.

—Toi et moi, nous voulions tellement prendre part aux recherches ! conclut Laura.

—C'était différent. Il y avait tout un groupe de personnes qui essayaient d'aider l'enfant. Dans ce cas-ci, je suis l'unique témoin. Je suis toute seule. Tu ne peux pas comprendre comment on se sent. Je ne peux tout simplement pas parler. Alors, laisse-moi tranquille.

Sur ces mots, elle raccrocha brusquement.

Laura reposa le téléphone et s'écroula sur son

lit, la tête dans les mains. Nix était lâche... et égoïste. Elle ne pensait qu'à elle, et pas aux familles qui avaient été touchées par ce crime ni à la communauté —celle de Laura —qu'on avait attaquée. C'était l'impression que Laura avait. Elle ressentait la destruction qui avait eu lieu au cimetière comme une attaque dirigée contre son peuple... contre elle, personnellement. En refusant de faire un pas et de dénoncer les criminels, Nix lui tournait le dos. Elle la laissait tomber.

Laura alla à son bureau et regarda sa pile de devoirs. Elle avait tant à faire ! Mais il était tard, et elle était exténuée. Et puis, il y avait le journal de Sara. Laura n'avait encore aucune idée de ce qu'elle allait faire du projet ; le temps passait, et sa Bat Mitzvah approchait. Il lui fallait réfléchir à trop de choses à la fois. Au fond d'elle, Laura croyait que ce qui s'était passé ce jour-là au cimetière était, d'une certaine façon, lié à la vie de Sara. Elle prit le journal et, après avoir repoussé ses cheveux en arrière, elle l'ouvrit.

Le 14 mars 1942
Aujourd'hui, Deena et moi sommes allées voler du pain. Ce n'était pas vraiment mon idée... ni celle de Deena, en fait. C'était l'idée de Mendel, le garçon qui habite dans le logement au-dessous de chez nous. Il a quatorze ans et il est plus grand que moi. Il se vantait de savoir comment se faufiler à l'arrière de l'édifice où les nazis entreposent la nourriture. Il nous a dit que, une semaine plus tôt, il avait

volé pour sa famille trois miches fraîchement sorties du four. Trois miches! Il y a deux semaines, j'ai fait la queue devant la boulangerie pendant quatre heures juste pour essayer d'obtenir quelques tranches de pain rassis. Quand je suis parvenue à l'avant de la file, il ne restait plus rien, et je suis rentrée à la maison les mains vides.

Mendel se vante beaucoup. Une fois, par exemple, il m'a raconté qu'il était sorti du ghetto par un égout. Il prétend aussi que son père possède encore une radio même si c'est interdit. Je ne sais jamais si je dois le croire ou non. Mais, comme il nous a promis, à Deena et à moi, de nous montrer comment voler du pain, nous avons accepté de l'accompagner. Je n'ai pas osé dire à Mama où j'allais. Elle me l'aurait défendu. J'ai donc prétendu que j'allais chez Deena et que je reviendrais bientôt. Je pense que Deena a raconté le même mensonge à ses parents. Je ne peux pas passer mon temps à attendre que David fasse appel à moi. Je dois agir pour lui montrer que je suis capable de me rendre utile. Je sais qu'en rapportant du pain à notre famille, je lui prouverai que je ne suis plus un bébé.

Dehors, il faisait froid et humide. Mon manteau est assez chaud, mais il est bien trop petit pour moi. Les manches ne couvrent que les trois quarts de mes bras, et c'est à peine si je peux le boutonner sur ma poitrine. Je me demande ce que je porterai l'hiver prochain si nous sommes encore ici ; mon manteau sera à la taille de Hinda. Pour l'instant, c'est tout ce que j'ai. Mama se plaint tout le temps de me voir grandir trop vite.

Nous avons rencontré Mendel quelques pâtés de maisons plus loin, en face de la Grande Synagogue de la rue Tlomacki. Avant la guerre, ma famille assistait à des services religieux dans cette synagogue. Enfant, j'étais impressionnée par son gros toit en forme de dôme et par ses colonnes de pierre massives. Elle était si imposante que, à côté, je me sentais minuscule. À présent, bien sûr, ce n'est plus qu'un bâtiment vide et négligé.

Je déteste marcher seule dans le ghetto. On voit tellement de gens malades et agonisants dans les rues ! Certains ne font que mendier de la nourriture ; d'autres n'ont aucun endroit où vivre, et les caniveaux sont devenus leur maison. Ils tendent la main ; leurs yeux sont creux, et leurs regards, hantés. Souvent, ils meurent au milieu de la rue, leurs bras encore tendus devant eux, comme des statues. Leur visage exprime un état de choc total, comme s'ils avaient soudain pris conscience qu'ils étaient complètement abandonnés. Des charrettes passent deux fois par jour pour ramasser les cadavres et les emporter. J'ignore où on les emmène, et Tateh refuse de me le dire. Ces personnes âgées et malades n'auront probablement pas d'enterrement convenable, comme celui de mon Zaïdeh. Il n'y aura pas de rabbin pour réciter des prières devant leur tombe ni de membres de leur famille pour se souvenir d'elles et parler des bonnes choses qu'elles ont accomplies de leur vivant. Selon la Bible, les Juifs sont le peuple élu. Eh bien, en ce moment, je pense que nous sommes le peuple oublié !

Il y a eu quelques cas de fièvre typhoïde dans le ghetto. Cela explique en partie pourquoi mes parents sont si inquiets quand je sors. C'est en mangeant des aliments impropres à la consommation ou en buvant de l'eau sale qu'on attrape cette maladie. Il est pratiquement impossible de trouver de l'eau potable dans le ghetto. À la maison, Mama fait bouillir l'eau pour éliminer le plus de germes possible.

Les odeurs du ghetto sont intolérables. J'ai des haut-le-cœur et je dois me couvrir le nez avec la manche de mon manteau. Les caniveaux sont fangeux et attirent les rats, qui ont fait leur nid ici, à côté des hommes. Ces rongeurs ont des puces et sont porteurs de maladies. Ils sont devenus tellement effrontés qu'ils viennent directement vers nous. Ils ont aussi faim que nous, et c'est juste s'ils ne nous narguent pas avec leurs yeux perçants et leurs dents acérées. Pendant que je marchais avec Deena et Mendel dans les rues du ghetto, je m'efforçais de regarder droit devant moi et d'éviter de respirer. Et je pressais le pas pour ne pas trébucher sur un rat.

Mendel marchait en tête, tournant à droite et à gauche ; il avançait si vite que Deena et moi devions courir pour rester à sa hauteur. J'ai souvent eu envie de faire volte-face. Je crois que Deena sentait que j'allais peut-être renoncer au projet ; elle me tenait donc fermement par le bras. Une des raisons pour lesquelles j'adore l'avoir comme amie, c'est qu'elle me pousse à réaliser des choses que, normalement, je n'entreprendrais pas, comme la fois où elle m'a persuadée de jouer dans une pièce scolaire. Je ne l'aurais jamais fait sans elle ; en fin de compte, j'ai follement aimé chaque minute de l'expérience. Deena est mon côté téméraire, et je suis son côté raisonnable.

Cette fois, cependant, je ne pensais qu'à David. Pour

contribuer à sa « cause », je devais me montrer téméraire, mettre mes craintes — réelles ou imaginaires — de côté. Deena et moi avons donc trottiné derrière Mendel, jusqu'au moment où Deena a commencé à avoir l'air inquiète.

— Mendel, arrête! a-t-elle ordonné lorsque nous avons tourné pour la vingtième fois. Où nous amènes-tu? Tu n'es pas en train de nous jouer un tour?

— Suivez-moi et restez calmes, a-t-il crié par-dessus son épaule.

Il a continué à marcher, et nous aussi, puis il a enfin ralenti le pas et il s'est tourné vers nous.

— Accroupissez-vous et restez près de ce mur. L'entrepôt est juste là.

Il a pointé le doigt devant lui et, en effet, nous avons vu un petit édifice. La porte arrière était grande ouverte et, pendant que nous observions les lieux, un homme portant un sac sur son dos est entré.

— C'est le pain, a chuchoté Mendel. Cet homme apporte des miches pour les soldats. Il va les laisser à l'arrière de l'édifice, le temps d'aller chercher d'autres marchandises. Dès qu'il s'en ira, nous entrerons et nous prendrons le pain.

À l'entendre, ça semblait être facile, mais je savais que ce n'était pas aussi simple. Et si quelqu'un nous voyait? Si on se faisait prendre? Tellement de choses risquaient de mal tourner! Tellement de gens pouvaient nous voir! Il y avait les policiers juifs qui patrouillaient dans le ghetto et qui se montraient parfois pires que les nazis. Ils obtenaient des faveurs pour leurs familles et pour eux-mêmes en travaillant pour les nazis. Ces derniers nous tueraient sûrement s'ils nous attrapaient. La police juive, elle, nous livrerait à eux. D'une façon ou d'une autre, nous serions condamnés.

J'ai jeté un coup d'œil vers Deena, mais elle a évité mon regard. J'ai donc inspiré profondément, et j'ai pensé à Bubbeh et à Hinda. J'allais apporter à manger à ma famille. J'allais prouver à David que j'étais capable de faire autre chose que bayer aux corneilles. Ces pensées comptaient plus que tous les dangers que j'avais imaginés. C'est pourquoi j'ai suivi Mendel quand il a foncé vers la porte ouverte et qu'il a regardé à l'intérieur. Un instant plus tard, il s'est retourné et nous a fait signe de ne pas bouger. Il a disparu à l'intérieur de l'édifice. J'ai retenu mon souffle et compté les secondes en me demandant s'il allait réapparaître ou s'il allait nous abandonner là, nous obligeant à retourner chez nous toutes seules. Sa tête est enfin sortie par la porte, comme un diable d'une boîte. Il avait le sourire fendu jusqu'aux oreilles et il tenait deux miches de pain dans ses bras, comme des trophées. L'air triomphant, il nous les a lancées. Puis, il nous a fait signe qu'il allait en chercher d'autres. Une seconde plus tard, il avait disparu.

J'ai cramponné le pain dans mes bras comme un trésor. Vous ne pouvez même pas imaginer comme il sentait bon. L'odeur me submergeait, m'hypnotisait. L'espace d'un instant, j'ai été tentée de l'engouffrer d'une seule bouchée. David avait raison: quand on volait de la nourriture, le plus difficile était de ne pas la manger sur place.

Je me suis répété que c'était destiné à ma famille. Mama et Tateh seraient aux anges... une fois qu'ils seraient revenus de leur colère en apprenant ce que j'avais fait. Mais je m'inquiéterais de cet aspect plus tard. Leur joie de recevoir ce trésor inespéré remplacerait sûrement toute leur fureur.

Je pensais vraiment que nous nous en étions tirés. J'ai adressé à Deena le genre de sourire qui dit : nous venons de partager une aventure fantastique, et je suis contente de ce que nous avons fait. Mon exaltation a été de courte durée, car j'ai entendu le bruit strident d'un sifflet et les cris de policiers de l'autre côté de l'entrepôt.

Mendel est réapparu une seconde plus tard et, cette fois, même lui paraissait effrayé. « Courez ! » nous a-t-il crié en s'élançant dans la rue. Je suis restée paralysée une seconde, mais Deena m'a saisie par le bras, et nous avons couru de toutes nos forces à la suite de Mendel. Nous avons tourné un coin après l'autre, suivis par un chœur de hurlements et de sifflets. Je n'ai pas regardé une seule fois en arrière. Je m'attendais à entendre retentir des coups de feu d'une seconde à l'autre, à être attrapée par la police ou par les nazis, ou par quiconque était derrière nous. Ce serait immédiatement la fin de tout. Je continuais pourtant à suivre Deena et à courir à perdre haleine.

Tout à coup, j'ai trébuché et j'ai heurté Deena, faisant presque tomber ses lunettes. Comme je tendais désespérément la main pour l'agripper, nos deux miches de pain se sont envolées dans les airs. L'espace d'une seconde, elle a hésité, comme si elle allait vraiment s'arrêter pour les récupérer. Mais je l'ai entraînée, et nous avons repris notre course.

Quelques minutes plus tard, les sifflets et les cris se sont tus. Deena et moi n'avons toutefois pas ralenti avant d'être convaincues d'être en sûreté. Mendel n'était nulle part en vue, et nous avons mis beaucoup de temps à retrouver le chemin de nos maisons.

Je n'ai pas soufflé mot de cette aventure à mes parents, mais j'en ai parlé à David. Il a hoché la tête et m'a regardée avec un nouveau respect. Peut-être lui avais-je finalement prouvé quelque chose. Après ça, je n'ai plus adressé la parole à Mendel. Je ne sais pas ce qui m'enrage le plus : d'avoir failli me faire tuer à cause de son plan ridicule ou d'avoir échoué et perdu le pain.

J'espère qu'une personne malade a pu le récupérer dans le caniveau. J'espère que les rats ne l'ont pas eu.

Sara Gittler

Le 29 mai 1942
C'est fait ! Aujourd'hui, je suis devenue un soldat ! Et tout ça grâce à David.

En vérité, j'avais presque renoncé à croire que je pourrais me rendre utile dans le ghetto. Je n'espérais plus que David m'accorde sa confiance, qu'il croie suffisamment en moi pour me permettre d'aider. Je m'étais résignée à penser que je passerais mes journées à rêver de combattre, point à la ligne. Mais, aujourd'hui, tout a changé.

Quand je me suis réveillée, ce matin, j'ai compris que David mijotait quelque chose. Il se comportait encore plus bizarrement que d'habitude, marchait de long en large dans l'appartement, me regardait du coin de l'œil. Il est allé à la fenêtre une bonne centaine de fois. Même Bubbeh, d'ordinaire plongée dans son monde intérieur, semblait sentir qu'il agissait étrangement. À un moment, elle est allée le voir et lui a dit :

— Va dehors, David. Tu me rends nerveuse.

C'est alors qu'il m'a regardée dans les yeux. Je lui ai rendu son regard, et il a remué imperceptiblement la tête, me faisant signe de le suivre. Nous sommes allés dans la cour, et là, il m'a attirée derrière la porte. Après s'être assuré qu'il n'y avait personne à proximité, il s'est rapproché de moi :

— Tu veux faire quelque chose, mais es-tu vraiment prête à aider ?

Pour commencer, je suis restée figée. C'était enfin l'occasion que j'attendais, mais je me sentais presque trop abasourdie pour répondre.

— Eh bien, l'es-tu ? a insisté David, d'une voix plus forte et plus pressante.

Toujours incapable de parler, j'ai acquiescé d'un signe tête.

David m'a alors expliqué ce qu'il attendait de moi.

— Nous avons besoin d'un messager. Quelqu'un qui est petit, et capable de bouger vite et facilement dans les égouts.

Il fallait livrer une lettre, a-t-il précisé. Un contact

attendait à l'extérieur des barrières du ghetto. Il prendrait la lettre et en donnerait une en retour. David a alors sorti de sa poche une petite enveloppe brune. Elle était scellée et maculée de poussière ; il n'y avait rien d'écrit dessus. Après l'avoir retournée dans sa main, il m'a regardée.

— Je suis allé là trop souvent. On pourrait me repérer. Mais personne ne te connaît. Je vais te montrer où aller et t'indiquer qui chercher. Tu dois livrer cette lettre et me rapporter celle qu'on t'aura remise. Tu comprends ?

J'ai regardé la lettre, puis David.

— Qu'est-ce que c'est ? ai-je finalement demandé.

Il a secoué la tête.

— Moins tu en sais, mieux c'est. Sache seulement que nous sommes en contact avec des groupes à l'extérieur qui nous fournissent des armes et nous informent sur les plans des nazis. Nous utilisons des messagers depuis des mois.

Son expression s'est radoucie. Il a rajouté :

— Ce n'est pas grave si tu refuses. Tu as le droit d'avoir trop peur. Je comprendrai.

J'avais peur, c'était indiscutable. Je n'avais même pas encore entrepris ma mission que mon cœur battait la chamade, à tel point que je pensais que David pouvait l'entendre. Mais je savais que j'étais prête à aider. Cette fois, je n'avais pas besoin de Deena pour me pousser dans le dos ni de Mendel pour me mettre au défi. J'étais prête par moi-même.

— Allons-y, ai-je dit à David.

Nous sommes partis et avons marché rapidement

dans le ghetto, tournant ici et là. Cette fois, je n'ai même pas remarqué les gens dans le caniveau. Je n'ai pas vu les mendiants au bord du chemin. Je suivais David de près. Il s'est finalement engagé dans une petite rue déserte. J'ignorais où nous étions, mais cela n'avait pas vraiment d'importance. Il s'est dirigé vers une bouche d'égout d'un côté de la rue. Il s'est penché et a soulevé la grille. Le grincement du métal contre le métal a produit un son aigu. Allait-on nous entendre ? Il y avait de petits édifices sans fenêtres dans cette partie du ghetto, et seul un vieux chat maigre endormi à côté du caniveau pouvait nous voir. Il s'est contenté de lever la tête et de regarder dans notre direction.

— Je t'attendrai ici, a chuchoté David.

Il a enfoui la lettre dans la poche de mon manteau puis, après avoir jeté un nouveau regard circulaire, il m'a fait signe de descendre dans l'égout. Le moment était venu. Pas le temps de réfléchir. J'ai inspiré profondément et plongé dans le noir.

Si les rues du ghetto sentaient mauvais, l'odeur à l'intérieur de l'égout était presque intolérable — un mélange d'ordures et de choses en putréfaction. Je ne voulais même pas me demander si c'était humain ou animal. Je ne voulais pas savoir sur quoi je pouvais trébucher. Je me suis bouché le nez et j'ai descendu la petite échelle métallique conduisant dans les entrailles du ghetto.

Une fois au fond, j'ai regardé autour de moi et attendu que mes yeux s'ajustent à la pénombre. David m'avait dit d'aller à droite, et j'ai suivi ses indications, évitant les parois visqueuses, et enjambant prudemment et rapidement les flaques, les pierres et les débris. À chaque carrefour dans le tunnel, je gardais la droite en me rappelant les directives de David. Quand le passage est devenu trop étroit, je me suis accroupie en veillant à ne pas me cogner la tête contre les pierres en saillie au-dessus de moi. Pas étonnant qu'ils aient eu besoin de quelqu'un de petit. Un adulte ne pourrait jamais passer dans ces minuscules ouvertures.

Combien de temps suis-je restée dans l'égout? Dix minutes? Une heure? J'avais perdu la notion du temps. Je continuais d'avancer en m'efforçant de rester calme, de ne penser qu'aux directives de David. En apercevant une faible lumière devant moi, j'ai compris que j'approchais de la sortie et j'ai accéléré le pas.

Au bout du tunnel, il y avait un trou rond bouché par des branches et des pierres placées là pour camoufler l'ouverture, m'avait dit David. J'ai regardé à droite et à gauche à travers les fissures pour m'assurer que la voie était libre. Mon frère m'avait expliqué que cette partie de l'égout débouchait sur un entrepôt abandonné. Les nazis n'avaient pas découvert le trou dans le mur — du moins, pas encore. Personne en vue. J'ai écarté les pierres et les branches, et émergé de l'égout, m'arrêtant un instant pour épousseter mon manteau et mes chaussures, comme David m'avait rappelé de le faire. « Nettoie toutes les traces de l'égout. Tu ne dois pas attirer l'attention. »

Un cœur peut-il battre plus vite avant d'exploser? me suis-je demandé avant de contourner l'entrepôt abandonné et de m'engager dans les rues de Varsovie. Je savais où j'étais — près de l'intersection des rues Zelazna et Grzybowska, sur une petite place où ma mère m'avait amenée des centaines de fois avant le début de la guerre et la construction des murs. Les rues étaient bondées de gens allant dans toutes les directions. Je désirais m'arrêter et savourer cet instant de liberté. Je désirais lever les bras vers le ciel, rejeter la tête en arrière et respirer l'air de ce côté-ci du mur. Mais c'était impossible. Tout à coup, j'ai eu l'impression qu'un réflecteur était fixé sur moi. Jamais je ne m'étais sentie aussi juive. D'autres personnes allaient sûrement remarquer mes yeux et mes cheveux foncés, mes traits anguleux. « Je ne devrais pas me trouver là », ai-je pensé, soudainement prise de panique. Cette mission était destinée à quelqu'un d'autre. J'étais certaine de me faire arrêter. Avec la lettre, la police retracerait David et quiconque collaborait avec lui. Quelle erreur !

J'avais l'impression que mon cerveau hurlait. C'est alors que j'ai regardé avec plus d'attention aux alentours et constaté que personne ne s'intéressait à moi. Hommes et femmes marchaient la tête basse en s'évitant. Au coin de la rue, des policiers déambulaient négligemment, leur carabine à l'épaule. Je devais me calmer et accomplir ma mission.

Je cherchais une femme portant un chandail et un foulard verts. Je l'ai facilement repérée, debout à côté d'un lampadaire. Notre échange a duré quelques secondes.

—Excusez-moi. Savez-vous où se trouve l'épicerie de la rue Nowolipki ? ai-je demandé.

Elle a fait signe que oui, reconnaissant la question que David m'avait dit de poser. J'ai sorti l'enveloppe de ma poche et la lui ai tendue. Elle m'en a donné une à son tour. Puis, elle a disparu, s'est fondue dans la foule de gens anonymes dans les rues de Varsovie.

Je me rappelle à peine comment je suis rentrée au ghetto. Je sais seulement que, suivant à la lettre les instructions de David, je suis retournée sur mes pas et que, lorsque je suis sortie de l'égout, mon frère m'attendait. Je lui ai remis l'enveloppe, il m'a fait un signe de tête et nous sommes retournés ensemble à la maison.

Aucune question. Aucune conversation. C'était inutile. La vérité, c'est que je suis différente à présent, plus adulte, moins craintive. J'avais toujours pensé que la liberté était liée à l'endroit où on était. Les murs de ce ghetto m'avaient enlevé toute sensation de liberté. J'ai soudain pris conscience que la liberté n'était pas uniquement une question de lieu. Elle était associée à ce qu'on était, à ce qu'on choisissait d'être. Aujourd'hui, après avoir accompli ma mission pour David et pour la cause, je me suis sentie plus libre que jamais auparavant.

Sara Gittler

Le 4 août 1942
Une chose absolument horrible est arrivée aujourd'hui. C'est presque trop difficile de l'écrire. Mais je dois le faire. Je dois voir les mots écrits devant mes yeux pour sa-

voir que c'est vrai. Ce matin, les nazis ont ratissé le ghetto avec la mission d'arrêter le plus de gens possible. Ils ont fait irruption dans les appartements l'un après l'autre, ont poussé leurs habitants dans les rues et les ont conduits à Umschlagplatz, la place principale, d'où ils les feraient monter dans les trains. Jeunes, vieux, malades ou personnes en bonne santé : si leur appartement figurait sur la liste, ils devaient y aller. J'ai regardé par notre fenêtre en veillant à rester derrière le rideau déchiré, pour ne pas être visible.

Mais j'ai vu Mordke, le garçon dont les parents ont été arrêtés pour avoir fait entrer de la nourriture dans le ghetto. Et j'ai vu Luba, l'amie de David, avec ses parents, ainsi que d'autres personnes que je connais et à qui j'ai parlé presque chaque jour depuis notre arrivée au ghetto. Ils étaient tous debout dans la rue, sous ma fenêtre, l'air perdu et terrorisé.

Le pire était à venir. Le pire, c'est quand j'ai vu Deena sortir de son immeuble, les mains au-dessus de la tête et un fusil nazi plaqué dans le dos. Elle ne portait pas ses lunettes. On avait dû la forcer à sortir de chez elle sans lui laisser le temps de les mettre. Lorsqu'elle s'est mise en file avec ses parents, ma première pensée a été de sortir, de dévaler l'escalier et de me précipiter dans la rue. Je voulais me jeter devant les soldats nazis et leur demander de relâcher Deena et tous les autres Juifs destinés à la déportation. Mais qu'est-ce que je croyais ? Je ne pouvais rien faire pour sauver Deena. Deena ! Ma meilleure amie ! La personne avec qui j'ai partagé tous les événements importants de ma vie. Comment le sort a-t-il déterminé qu'elle serait arrêtée alors que, pour l'instant, j'étais sauve? Je ne pouvais que regarder, impuissante, pendant qu'on la faisait défiler avec les autres dans la rue. Je voulais désespérément crier son nom. Je voulais qu'elle sache que je la voyais. Je voulais lui dire d'être courageuse, lui promettre que je garderais ses dessins, tous ses dessins, jusqu'à ce qu'elle revienne les chercher et devienne une peintre célèbre. Je voulais qu'elle m'entende dire qu'elle reviendrait.

Un vieillard a reçu une poussée brutale dans le dos et il s'est écroulé dans la rue. Sa femme a essayé de l'aider à se relever, criant et gémissant comme si c'était elle qui était tombée. Un jeune homme s'est porté à leur secours, mais un soldat nazi a aussitôt bondi et l'a frappé dans le dos avec la gueule de son fusil. Il y avait maintenant deux hommes sur le pavé. Des enfants pleuraient et des adultes hurlaient.

Soudain, j'ai aperçu le Dr Korczak qui tournait à l'angle de la rue, suivi de tous les enfants de l'orphelinat. J'étais consternée de voir qu'on allait aussi les emmener, les enfants et lui. J'imaginais que les orphelins devaient se sentir terrifiés et plus seuls que jamais. Il s'est alors passé une chose remarquable. Contrairement aux gens qui pleuraient et qui hurlaient, le Dr Korczak marchait calmement, à grands pas réguliers. Les enfants le suivaient par rangées de quatre. Ils avançaient fièrement, la tête haute. À l'avant du groupe, il y avait mon jeune ami Jankel, portant le drapeau qui avait flotté à l'extérieur de l'orphelinat. Un drapeau vert avec des fleurs d'un côté et l'étoile de David de l'autre.

Dans la rue, les gens se sont tus au passage des enfants et se sont écartés devant le Dr Korczak. On aurait presque dit Moïse séparant les eaux de la mer Rouge, sauf que, cette fois, les enfants n'étaient pas conduits vers la Terre promise, mais vers un destin épouvantable. Aucun ne pleurait, pourtant. Ils marchaient avec courage et dignité. Je n'avais jamais rien vu de plus triste, de plus brave.

Tateh m'a alors tirée de la fenêtre et a refusé de me laisser continuer à regarder.

— Il y a des choses que les jeunes yeux ne doivent pas voir, a-t-il dit en fermant le rideau et en me conduisant à la cuisine.

Mais je voulais regarder. Tout comme je dois écrire ces mots sur ma page. Je devais être témoin de ce qui arrivait à mes amis. Quelques mois plus tôt, j'avais éprouvé de l'excitation en me rendant utile dans le ghetto. En devenant la messagère de David, j'avais cru et espéré que peut-être, seulement peut-être, nous pourrions en faire de plus en plus pour repousser les nazis. Je sentais à présent l'espoir me quitter.

— Où les nazis les amènent-ils, Tateh ? ai-je demandé.

Il a frémi et jeté un coup d'œil à Mama. Ils ont échangé un regard montrant qu'ils connaissaient la réponse, mais qu'ils ne voulaient pas en parler avec moi. Encore une fois, ils me protégeaient comme si j'étais une enfant. Mais je ne suis pas un bébé comme Hinda. J'en ai déjà trop vu. On grandit vite dans le ghetto, et j'en ai déjà vu plus que la plupart des adultes du monde extérieur en verront au cours de leur vie.

—Dis-le-moi, Tateh, l'ai-je supplié. J'ai besoin de savoir.

C'est alors que David a parlé. Jusque-là, il était resté assis dans un coin, la tête baissée.

—Ils s'en vont aux camps de la mort! a-t-il crié.

Les mots ont flotté dans les airs et, tout à coup, j'ai eu mal au cœur.

Sara Gittler

Chapitre 10

—Je suis si heureuse de te voir, Laura, dit Mme Mandelcorn. À mon âge, je ne reçois pas beaucoup de visiteurs. Tu veux du gâteau ?

Laura était assise dans le salon de Mme Mandelcorn. Deux jours avaient passé depuis l'incident du cimetière. La police n'avait pas encore élucidé le crime et demandait toujours au public de lui donner des renseignements.

—Selon la police, c'est arrivé en plein jour, avait dit le père de Laura le lendemain matin. Quelqu'un a bien dû voir quelque chose —quelqu'un de ton école, peut-être ?

L'air coupable, Laura avait dégluti et détourné le regard. Elle ne savait pas comment répondre à la question de son père, et c'était énervant d'être assise là, sous son regard inquisiteur. Elle avait envie de crier : « Oui, quelqu'un a vu et il se trouve que c'est —ou plutôt que c'était —ma meilleure amie ! » Laura et Nix ne s'étaient pas adressé la parole depuis leur conversation téléphonique tardive. Jamais elles n'étaient restées aussi longtemps sans se parler cette année. Même quand Nix et sa famille étaient allées dans les Antilles à Noël, les deux filles s'étaient envoyé des courriels tous les jours. À présent, les lignes de communication étaient devenues silencieuses et froides.

À l'école, Laura évitait son amie. Elle faisait des détours pour aller à ses cours afin de ne pas tomber sur elle. Le midi, elle mangeait avec Adam, et elle s'efforçait de laisser Nix et les événements du cimetière en dehors de la conversation.

—Je dis qu'elle est coupable, avait déclaré Adam le lendemain de l'événement en prenant place à côté de Laura à la cafétéria.

—Tais-toi! avait répliqué Laura sèchement.

Son ton s'était toutefois radouci quand elle avait vu l'expression blessée de son ami.

—Excuse-moi. J'ai les nerfs à fleur de peau. Il y a mes travaux scolaires, ma Bat Mitzvah, le journal de Sara et, maintenant, cet incident au cimetière… J'aimerais mieux ne pas parler de Nix, d'accord?

Adam avait haussé les épaules et recommencé à manger. Cependant, tout en refusant de parler des récents événements, Laura ne pouvait s'empêcher d'y penser… jour et nuit. Et c'était encore pire depuis qu'elle avait lu le dernier extrait du journal de Sara — la rafle dans le ghetto et la déportation de Deena avec les autres. La nuit précédente, Laura avait fait deux autres cauchemars. Dans l'un, elle était une combattante de la liberté; elle rampait dans un tunnel sombre,

140

un fusil à la main. Elle s'était réveillée dans un fouillis de draps et de couvertures. Quand elle s'était enfin rendormie, elle avait rêvé qu'elle était dans un train avec Nix et Adam, en route vers une destination terrible et inconnue. Ce rêve avait été encore plus terrifiant que le premier.

Le lendemain, elle avait décidé de rendre visite à Mme Mandelcorn. Elle serait peut-être capable de parler à cette femme comme elle ne pouvait le faire avec Adam et avec ses parents.

—Alors, que puis-je pour toi, ma chère enfant? Tu m'as semblé très malheureuse au téléphone.

Une fois de plus, Mme Mandelcorn avait fait attendre Laura dans le salon quand celle-ci était arrivée. À présent, la vieille dame s'asseyait sur le canapé après avoir inspiré profondément.

Par où commencer? Laura avait tant de questions à poser —à propos du journal, de la vie de Sara, du vandalisme au cimetière, de Nix... Elle prit une grande respiration et se lança.

—Je suis en train de lire le passage sur la déportation de Deena. Ça a dû être horrible pour Sara de voir son amie partir comme ça.

De nouveau, un nuage traversa le regard de Mme Mandelcorn. Immobile, elle respirait bruyamment, comme en transe, transportée à une autre époque, dans un autre lieu. Puis, elle commença lentement à parler, donnant à Laura des fragments d'histoire.

—Ces rafles se sont produites à l'été 1942.

Chaque jour, des milliers d'hommes, de femmes et d'enfants juifs étaient conduits à la gare d'Umschlagplatz, entassés dans des wagons de marchandises et envoyés à Treblinka. As-tu déjà entendu parler de ce camp de concentration, Laura?

—Oui, mais je ne sais pas grand-chose.

—C'était l'un des pires camps d'extermination; il était situé à une centaine de kilomètres au nord-est de Varsovie. Il y avait deux camps: Treblinka I, pour les travaux forcés, et Treblinka II, où se trouvaient les chambres à gaz.

Laura avait entendu parler des chambres à gaz. Elle frémit en pensant à la façon dont des millions de Juifs avaient été tués.

—Le chemin qui menait du camp I au camp II s'appelait Himmelstrasse, poursuivit Mme Mandelcorn.

—Qu'est-ce que ça veut dire?

—La route du ciel, répondit Mme Mandelcorn avec un rire amer. C'est ainsi que les nazis l'appelaient. Bien sûr, c'était en réalité un chemin qui menait à la mort.

Laura était abasourdie par ce qu'elle entendait. Même l'accent de Mme Mandelcorn n'avait plus d'importance: dans cet environnement, il passait presque inaperçu.

—Peux-tu imaginer cela, Laura? Les nazis avaient décoré l'entrée de Treblinka de façon à lui donner l'apparence d'une gare. Il y avait un horaire de trains placardé sur un mur, avec les arrivées et les départs. Et, partout, des affiches montrant les sites à visiter. Il y avait même une grosse horloge indiquant l'heure de la prochaine arrivée.

—Pourquoi faisaient-ils ça?

—Ça faisait partie des supercheries nazies. Les prisonniers croyaient qu'ils allaient rencontrer des membres de leur famille. Ils ne se doutaient pas qu'ils étaient sur le point d'être tués.

Mme Mandelcorn pencha la tête, puis la secoua en silence. Quand elle la releva enfin, des larmes brillaient dans ses yeux.

—Les souvenirs sont parfois dangereux. Il y a trop de fantômes dans le passé...

—Comment savez-vous ces choses? Vous étiez là?

Mme Mandelcorn baissa de nouveau les yeux. Laura sentit qu'elle ne devait plus interroger la vieille dame, mais sa propre tête semblait sur le point d'exploser. Il y avait tant de questions, tant de choses qu'elle voulait savoir! Une question en particulier dominait les autres: qu'était-il advenu de Deena et de Sara? Laura ne put se décider à la poser. Elle devait d'abord terminer la lecture du journal. Il lui restait un chapitre à lire. Mais, plus que jamais, elle appréhendait la fin.

—La plupart des déportés ont été tués, reprit Mme Mandelcorn d'une voix plus douce, comme si elle lisait dans les pensées de Laura. Très peu ont survécu.

Elle secoua la tête.

—Allez, mange un autre morceau de gâteau. Tu es un petit oiseau. Mange. Mange.

Laura poussa un soupir. De toute évidence, Mme Mandelcorn ne voulait plus parler du passé. Laura non plus. Elle orienta plutôt la conversation sur les événements survenus au cimetière.

—Êtes-vous bouleversée de voir ce genre de chose se produire aujourd'hui?

—Ce qui s'est passé est terrible. Mais n'oublie pas que nous vivons dans un pays démocratique où de tels actes d'antisémitisme ne sont pas tolérés. Ce n'est ni l'Allemagne nazie ni la Pologne, où il était acceptable et même obligatoire d'isoler les Juifs. Je suis sûre que la police trouvera les coupables et les traînera devant la justice.

Elle les trouverait plus facilement si elle recevait de l'aide, pensa Laura avec amertume.

—Il y a autre chose, n'est-ce pas, Laura? demanda Mme Mandelcorn en la regardant attentivement. Une chose qui te trouble?

Laura remua nerveusement. Allait-elle trahir Nix en révélant à cette parfaite étrangère ce qu'elle savait au sujet de cet acte de vandalisme? Dire la vérité, était-ce trahir? Nix avait tort de tourner le dos à ce crime, Laura en était convaincue, et c'était cette conviction qui la poussait à agir, à se confier à quelqu'un. Elle se sentait attirée par Mme Mandelcorn. Elle lui faisait confiance. Elle ne pouvait expliquer pourquoi, vu qu'elle la connaissait à peine. Et pourtant, il existait entre elles un lien important.

— J'ai une amie, commença prudemment Laura. Elle croit savoir quelque chose à propos de l'acte de vandalisme, mais elle a trop peur pour parler.

— Ah! je vois, dit Mme Mandelcorn en remuant lentement la tête.

Les coupables étaient des élèves de son école, des brutes notoires, expliqua Laura.

— Mais mon amie a complètement tort de se taire, n'est-ce pas? Elle est lâche, je veux dire. Elle ne pense qu'à elle et non aux victimes.

Maintenant qu'elle avait commencé à parler, Laura ne pouvait s'empêcher de déverser ses émotions.

— À l'école, mon professeur a expliqué un jour que l'Holocauste n'est pas arrivé dans les chambres à gaz; il était déjà trop tard. Il s'est plutôt passé dans des actes de discrimination comme celui-ci... des actes qui ont eu lieu l'un après l'autre, sans que personne ne réagisse.

— C'est vrai. Devant les nazis qui menaçaient leur sécurité, les gens ont été trop peu nombreux à témoigner. Je comprends ce que la peur peut faire.

— Comment réagiriez-vous à ma place? demanda calmement Laura. Vous tairiez-vous ou iriez-vous trouver la police?

Laura avait déjà imaginé la scène, la chaîne d'événements qui se dérouleraient... Elle parlerait de Nix, qui serait obligée d'avouer ce qu'elle avait vu à la police, et celle-ci arrêterait les adolescents qui avaient commis le crime. À la fin, justice serait rendue. Mais cela en valait-il la peine? Elle mettrait en danger son amitié avec Nix, peut-être même la sécurité de son amie. C'était difficile de pendre une décision.

Mme Mandelcorn posa la main sur le bras de Laura.

—Je crois que tu devras répondre toi-même à cette question.

Laura regardait au loin.

—C'est à cause du journal… du journal de Sara. C'est ça qui me fait réfléchir autant.

L'histoire de Sara obligeait Laura à réagir. Après tout, elle était censée honorer la vie de cette fille à l'occasion de sa propre Bat Mitzvah. Si elle n'agissait pas alors qu'elle savait ce qui s'était passé au cimetière, que signifiaient l'histoire et la vie de Sara? Il n'y avait qu'une seule réponse, et Laura la connaissait.

—Avez-vous déjà célébré votre Bat Mitzvah? demanda-t-elle en se tournant vers Mme Mandelcorn.

Celle-ci secoua la tête en esquissant un léger sourire.

—Non. Ce genre de chose n'était pas possible pour les filles comme moi.

—Aimeriez-vous assister à la mienne? Seulement si vous en avez envie, je veux dire… Vous m'avez tellement aidée! Vous pourriez amener quelqu'un, si vous le désirez. Votre sœur, peut-être?

Cette fois, un grand sourire illumina le visage de Mme Mandelcorn.

—Merci, ma chérie. Ce sera un honneur.

Chapitre 11

Cette nuit-là, Laura dormit profondément, ce qui ne lui était pas arrivé depuis longtemps. C'était comme si toute l'incertitude et la confusion des derniers jours s'étaient envolées. Elle savait ce qu'elle devait faire. Avec ou sans Nix, elle irait révéler aux autorités ce qu'elle connaissait au sujet de l'acte de vandalisme qui s'était produit au cimetière. La police prendrait la relève et, à partir de là, les événements seraient indépendants de sa volonté. Mais elle ferait les premiers pas.

Avant de se coucher, Laura avait envoyé un courriel à Nix pour lui expliquer sa décision. Elle pensait qu'elle devait au moins ça à son amie. Elle avait longtemps réfléchi à ce qu'elle écrirait. Mme Mandelcorn lui avait rappelé que les gens paniquaient lorsqu'ils étaient menacés. « Devant le danger, ils se sentent isolés ; ils ont l'impression d'être seuls au monde. » C'est pourquoi, plus que tout, Laura voulait faire savoir à Nix qu'elle n'était pas seule.

Tu te rappelles quand on a vu Les trois mousquetaires *l'an dernier, à l'école ? Tu te souviens de leur devise ? « Tous pour un, un pour tous. »* L'union fait la force, Nix. Je serai toujours ton amie.

Ensuite, elle avait cliqué sur « Envoyer » et elle s'était couchée la conscience en paix.

Le lendemain matin, elle fit de nouveau un détour pour se rendre à l'école et elle longea le cimetière. Cette fois, le ruban jaune avait disparu, et la police n'était nulle part en vue. Près des pierres tombales vandalisées, des ouvriers enlevaient les plaques brisées et les chargeaient dans des camions qui les emporteraient. Elle savait que de nouvelles pierres les remplaceraient bientôt et que toutes les preuves du crime disparaîtraient. Mais disparaîtraient-elles pour les familles des personnes enterrées là ? Disparaîtraient-elles du cœur et de l'esprit des autres Juifs du quartier ? Dans le journal, un nouvel article expliquait que certains membres de la communauté juive craignaient de voir se reproduire des actes semblables. Parfois, même s'ils soignaient une blessure, les gens continuaient de sentir la douleur en eux. Cette souffrance était beaucoup plus difficile à soulager.

Parvenue à proximité de l'école, Laura remarqua qu'il se passait quelque chose un peu plus loin. Par petits groupes, les élèves faisaient les cent pas et se parlaient en rapprochant leur tête les uns des autres. Un bourdonnement résonnait dans toute la cour d'école.

—Qu'est-ce qui se passe ? demanda Laura à quelques élèves de sa connaissance.

—On les a arrêtés, répondit un garçon. Ceux qui ont vaporisé de la peinture sur les pierres tombales.

Laura n'en croyait pas ses oreilles. Un brouhaha s'éleva derrière elle, et elle se tourna au moment où des policiers apparaissaient derrière l'école. Ils encadraient trois élèves de secondaire 3, Steve Collins et ses amis Seth Miller et Matt Brigs —il y avait deux policiers par garçon. Jouant des coudes, Laura s'avança rapidement, jusqu'à être assez proche pour voir le visage des garçons. Deux d'entre eux, Steve et Matt, pleuraient. Seth regardait droit devant lui, l'air ébranlé, lui aussi. Tout à coup, ils n'avaient plus l'air particulièrement durs. Ils paraissaient petits et effrayés. Sous les yeux de Laura et des autres élèves, on les fit monter à l'arrière d'une voiture de police. La dernière image que Laura aperçut fut celle de trois garçons avec la tête baissée. Puis, la voiture s'éloigna.

—Complètement stupides, ces gars, lança un garçon à côté de Laura.

Laura demeura figée sur place. Puis, elle distingua Adam au milieu de la foule. Difficile de le manquer ! Il portait un tee-shirt jaune fluorescent orné de grands cercles également fluorescents. Il rayonnait presque dans la cour d'école. Laura le saisit par le bras et l'entraîna vers un coin tranquille, où ils pouvaient parler.

—On se serait cru dans un film, raconta Adam. La police leur a mis les menottes et tout.

Laura hocha la tête.

—Hé ! s'écria-t-elle en levant soudain les yeux.

151

Comment se sont-ils fait prendre ?

—Quelqu'un les a vus et les a dénoncés, répondit Adam en haussant les épaules.

—Qui ?

—Moi.

Laura se retourna et vit approcher Nix. Elle était pâle, comme si elle ne dormait pas depuis des jours. Elle marchait lentement, à petits pas hésitants. Elle s'arrêta devant Laura et Adam, jeta un regard autour d'elle pour s'assurer qu'on ne l'écoutait pas, puis, après avoir inspiré profondément, elle commença :

—Je ne pouvais plus me taire. Ça me tuait... ça me dévorait de l'intérieur. J'ai donc décidé d'agir... même avant d'avoir reçu ton courriel, ajouta-t-elle en regardant fixement Laura. J'ai tout raconté à mes parents, et nous sommes allés ensemble rencontrer le directeur. M. Garrett a appelé la police, et elle est venue arrêter les coupables.

Laura mit une seconde à absorber tout ça, puis elle se jeta sur Nix et la serra de toutes ses forces dans ses bras.

—Hé ! arrête ! Tu vas m'étouffer, protesta Nix en cherchant à se dégager.

Mais, en reculant, Laura vit que son amie paraissait soulagée ; elle lui semblait reconnaissante de cette démonstration d'appui et d'affection.

—Tu pleures ? demanda Nix.

En effet, des larmes roulaient sur les joues de Laura, qui n'essayait même pas de les essuyer.

— Je suis tellement heureuse! balbutia-t-elle. Je savais que tu pouvais le faire, Nix.

Son amie ne l'avait pas laissé tomber. En fin de compte, tout ce que Laura savait et croyait à propos de Nix était vrai. Son amie avait fait ce qu'il fallait.

— Comment es-tu habillé? demanda Nix à Adam, qui avait assisté à leur échange.

Avec un sourire contraint, il tira sur son tee-shirt fluo.

— Je n'ai pas vraiment compris, souffla-t-il en se tournant vers Laura. Tu étais au courant?

Laura se mit à rire à travers ses larmes.

— Je t'expliquerai plus tard, Ad. Promis.

Elle regarda de nouveau Nix, à présent silencieuse et grave.

— On me considère comme une héroïne parce que j'ai révélé ce que je savais. Et pourtant, ce n'est pas ce que je ressens. Je suis contente de l'avoir fait, je veux dire, mais j'ai encore peur. Je vais devoir aller en cour et peut-être témoigner.

— Ne t'inquiète pas, renifla Laura. Nous sommes avec toi… toujours.

Nix lorgna ses deux amis d'un air perplexe.

— Fantastique! J'ai un hippie amoureux de la paix et une pleurnicharde pour me protéger. Et vous vous demandez pourquoi je ne me sens pas en sécurité?

Adam sourit en passant son bras autour de ses épaules.

—Ou vous vous fatiguez de combattre pour la paix ou vous mourez. C'est une citation de…

—… je sais, l'interrompit Nix. De John Lennon.

—L'union fait la force, dit Laura, la gorge serrée, en souriant à sa meilleure amie.

Chapitre 12

Laura regardait fixement l'écran vierge de son ordinateur en se demandant pour la centième fois comment elle allait le remplir de mots. Elle avait fini son cours d'hébreu en vue de sa Bat Mitzvah. Elle avait appris toutes les prières qu'elle réciterait à l'occasion de cette cérémonie. Le plan de table pour la fête de la soirée était terminé, les vêtements avaient été achetés et tous les détails étaient réglés. Sa Bat Mitzvah aurait lieu dans quelques jours. Il ne lui restait plus qu'à écrire son discours. Et cela se révélait une tâche décourageante.

« Comment rendre hommage à la vie de Sara d'une manière significative ? » se demandait Laura, la tête dans les mains, les yeux fermés. Les événements des jours précédents défilaient devant elle. Les trois garçons qui avaient vandalisé le cimetière étaient apparemment impliqués dans des actes similaires ailleurs dans la ville. L'école avait appris cette nouvelle quelques heures après leur arrestation. L'un des enseignants de Laura pensait que les garçons n'avaient pas eu l'intention d'offenser le peuple juif ; ce n'était qu'une mauvaise blague qui était allée trop loin. Mais Laura n'en était pas si sûre. Elle ne saurait peut-être jamais pourquoi ils avaient commis ce crime. Au moins, ils avaient été arrêtés, et c'était ce qui importait. Ils risquaient d'être accusés de méfait criminel et de dégradation de propriété publique, des délits passibles d'un an de prison, avait expliqué le père de Laura. Mais, selon toute probabilité, ils seraient libérés sur parole et purgeraient une peine quelconque dans la communauté. Peut-être leur demanderait-on de nettoyer les cimetières juifs, pensait Laura, désabusée ; ce ne serait que justice !

La rumeur selon laquelle Nix allait recevoir un prix de civisme pour avoir rapporté ce qu'elle avait vu circulait. À l'école, la réaction à son geste dépassait l'imagination. Des élèves à qui elle n'avait jamais parlé venaient la féliciter et lui exprimer leur admiration. Des enseignants l'arrêtaient pour lui assurer qu'ils étaient fiers d'elle. Des gens du journal local s'étaient même présentés pour l'interviewer mais, surgi de nulle part, M. Garrett s'était hâté de les faire sortir de l'école. Un incident s'était produit : deux grands élèves de secondaire 3 avaient tenté d'empêcher Nix d'entrer dans la cafétéria. Adam s'était rué devant Nix et était resté nez à nez avec l'un des garçons plus vieux. Ils s'étaient jaugés sans bouger un muscle, puis les plus grands s'étaient éloignés.

—Mon tee-shirt leur a peut-être fait peur.

Malgré sa démonstration de sang-froid, la voix d'Adam chevrotait un peu. Jamais Laura ne s'était sentie aussi fière d'avoir Nix et Adam comme meilleurs amis. Il ne lui restait plus qu'à écrire son discours.

—Laura, lis-moi une histoire !

Emma venait de faire irruption dans la chambre en brandissant un livre —son préféré —, *Max et les maximonstres*. Toute la famille —y compris Laura —avait dû le lire à Emma au moins une cinquantaine de fois sinon plus. Emma elle-même pouvait le réciter par cœur. « C'est parce que moi aussi, je suis un maximonstre », déclarait-elle en se rengorgeant.

En temps normal, Laura aurait rabroué sa petite sœur pour être entrée sans frapper dans son domaine privé. Elle aurait crié et appelé sa mère pour obtenir son appui. Mais pas cette fois.

—En ce moment, je suis très occupée, Em, expliqua-t-elle calmement, tandis que sa sœur agitait le livre devant elle. Je te promets de te la lire quand tu seras couchée. Appelle-moi lorsque tu seras prête.

Emma s'immobilisa, déconcertée par la réaction gentille de sa sœur. Elle jeta un coup d'œil au journal intime posé sur le bureau de Laura, puis leva les yeux.

—C'est quoi ? demanda-t-elle.

—Une histoire, répondit Laura après un moment. Elle a été écrite par une fille de mon âge. Je la lis pour ma Bat Mitzvah.

—Une histoire triste ? s'enquit-elle en hochant la tête.

Comment le savait-elle ? Laura fit signe que oui.

—Un peu.

—Je n'aime pas les histoires tristes, dit Emma, l'air songeur.

—Moi non plus.

Laura rit doucement, puis se pencha pour faire un câlin à sa petite sœur avant de la pousser dehors.

De retour à son bureau, elle fixa de nouveau l'écran vide. Le journal intime — l'histoire de Sara — et l'incident du cimetière avaient changé son point de vue sur beaucoup de choses : la famille, l'amitié, la tolérance. Il importait maintenant qu'elle écrive un discours qui rendrait hommage à la vie de Sara et qui exprimerait ce que sa lecture et les autres événements lui avaient appris. Oh ! pourquoi ne pouvait-elle se contenter de gribouiller quelques mots ?

En son for intérieur, elle savait que quelque chose d'autre l'empêchait de rédiger son discours. Elle appréhendait la dernière partie du journal. Il lui restait un chapitre à lire, et elle craignait la fin du récit. Au fond d'elle, elle croyait que Sara n'avait pas survécu à la guerre, et c'était plus qu'elle n'en pouvait supporter. Elle évitait le journal depuis plusieurs jours, mais c'était comme fuir la vérité. Elle avait essayé de poursuivre en revenant de l'école. Elle se disait que les événements des jours précédents lui donneraient la force nécessaire pour parcourir la fin.

Le 15 septembre 1942
Deena me manque. Rien d'autre à dire.

Sara Gittler

Le 26 décembre 1942
Un autre hiver dans le ghetto. Mama a réussi à me trouver un vieux manteau. Il est trop grand et trop long, il touche le sol quand je marche. Mais, au moins, il est chaud.

Sara Gittler

Laura avait interrompu sa lecture. Pourtant, elle ne pourrait écrire son discours avant d'avoir fini le journal, elle le savait. C'était ce qu'il lui restait à faire, et le moment était venu. Elle prit le livre et se dirigea vers son lit, examinant encore une fois la calligraphie et les petits dessins dans les marges. À contrecœur, elle l'ouvrit aux dernières pages et, poussant un long soupir, elle commença à lire.

Le 5 janvier 1943
Maintenant, c'est notre tour. Quand Tateh est rentré hier, il avait l'air plus bouleversé que jamais. Mama l'a saisi par le bras, comme si elle savait déjà, sans qu'il ait à prononcer un mot.

—Qu'est-ce qu'il y a, Tateh? ai-je demandé.

Au début, il a refusé de répondre. Il ne voulait même pas me regarder. Sa réaction, la peur et l'incertitude dans son regard ont suffi à me glacer le sang.

Debout, l'air sombre, dans un coin de la pièce, David a rompu le silence terrifiant en crachant ces mots à voix haute :

—Ce qu'il y a, c'est qu'on nous déporte !

Tateh se taisait toujours, mais Bubbeh s'est mise à gémir et à sangloter si fort que, l'espace d'un instant, j'ai presque oublié les paroles de David. Je me suis tournée vers elle et j'ai entouré ses épaules de mon bras, tentant en vain de la consoler. Mais, tout de suite après, j'ai regardé mon père.

—David a raison, Tateh? On va nous déporter?

J'ai failli m'étouffer en prononçant le dernier mot, et un goût si affreux m'est monté à la gorge que j'ai cru que j'allais vomir. J'ai dû me retourner pour reprendre mon souffle. Tateh a seulement incliné la tête. Aucun mot n'est sorti de sa bouche.

—Je le savais, a repris David avec colère. Ce n'était qu'une question de temps avant que ça nous arrive à nous tous. Vous pensiez être en sûreté ici juste parce que vous vous trouviez derrière ces murs ? Eh bien, non ! C'est arrivé à nos amis et à nos voisins, et maintenant c'est notre tour !

—Tais-toi, David, l'a supplié Mama. Tu fais peur à Sara.

Mes joues brûlaient comme si une fièvre violente s'était soudain emparée de mon corps. J'ai entendu de petits gémissements derrière moi et, en me retournant, j'ai vu Hinda recroquevillée dans un coin. Elle se balançait d'avant en arrière, une petite couverture sur la tête, comme pour occulter ce qui était en train de se passer. Mama s'est approchée de moi et a essayé de me prendre dans ses bras, mais je l'ai repoussée.

— Tu crois que j'ignore ce que ça signifie, être déportée? ai-je hurlé. Je ne suis plus un bébé, Mama. J'ai vu partir Deena et les enfants de l'orphelinat. Je sais où nous allons et ce que ça veut dire.

J'avais entendu David parler des camps de concentration à l'est. J'avais entendu toutes les rumeurs propagées par les gens dans les rues : ils disaient que, à ces endroits, les Juifs étaient torturés et tués massivement. Personne ne pouvait se cacher la vérité.

— Nous ne savons pas ce qui va se passer quand nous partirons d'ici, a finalement lancé Tateh d'une voix forte et ferme. Le sort des autres n'est pas nécessairement le nôtre. Tu ne connais pas tout, David.

— Leurre toi si tu veux, a répliqué David avec un rire sans joie. Mais je ne suis pas si naïf.

Sur ces mots, il est sorti de l'appartement. Pendant un instant, personne n'a parlé.

— Quand? ai-je enfin demandé.

— Dans quelques jours, a répondu Tateh. On nous laisse un peu de temps, contrairement à ceux qui ont été pris sans aucun avertissement dans les rafles.

Je me suis raidie, sachant qu'il parlait de Deena et des autres.

— Nous pouvons nous préparer, a-t-il continué. On nous a dit de prendre une petite valise chacun. Une fois de plus, il faudra décider quoi apporter et quoi laisser. Ce sera difficile, Saraleh. L'important, c'est que nous partions ensemble, a-t-il ajouté avec un léger sourire. Nous sommes encore une famille, et personne ne nous sépare.

Il s'est détourné et a disparu dans la chambre avec Mama. Hinda s'est relevée et s'est précipitée à leur suite. Bubbeh se lamentait toujours à voix basse. Je l'ai prise par les épaules et je l'ai conduite dans la petite chambre. Puis, je suis retournée à la cuisine. Toute seule, je me suis effondrée sur le lit vide de David, j'ai saisi son oreiller et je l'ai pressé contre mon visage pour qu'on ne m'entende pas pleurer. Une pensée tournait dans ma tête. Je ne voulais pas mourir! J'étais trop jeune. Ailleurs, des filles de mon âge rêvaient de danse, de jolis vêtements et de vacances, et non pas de la possibilité d'être tuées. Comment cela pouvait-il arriver? Et pourquoi à nous? Qu'avaient fait Mama, Tateh ou Hinda? Qu'avais-je fait de si mal? Je n'avais jamais blessé personne. Je n'avais jamais haï d'autres personnes à cause de leur religion, de la couleur de leurs yeux ou de leurs cheveux. Alors, pourquoi tant de gens nous haïssaient-ils... me haïssaient-ils? Et pourquoi voulaient-ils nous voir morts?

C'était facile de pointer le doigt vers les soldats nazis qui montaient la garde aux barrières du ghetto. C'était simple d'affirmer qu'ils étaient responsables de notre prison. Sous les ordres de cet homme méchant, Adolf Hitler, ils essayaient de nous punir du crime d'être juifs. Mais où étaient les autres? Où étaient les millions de gens de tous les pays du monde, qui étaient témoins de ce qui se passait ici? Pourquoi personne ne venait-il à notre secours? C'était plus difficile à comprendre. Le monde entier nous détestait-il, lui aussi?

Trop de questions sans réponses se bousculaient dans ma tête. Faible et épuisée, j'ai fini par poser ma tête sur l'oreiller de David. J'avais besoin d'échapper à tout ça et, à ce moment-là, le sommeil était mon seul refuge.

Sara Gittler

Le 7 janvier 1943

Quand David nous a annoncé qu'il ne ferait pas partie de notre convoi, je n'ai éprouvé aucune surprise. Il était morose et renfrogné depuis le moment où Tateh nous avait appris notre départ imminent. Il marchait de long en large dans l'appartement, puis il sortait brusquement. Il restait absent pendant des heures, bien plus longtemps que d'habitude. Quand il rentrait enfin, il avait l'air sur le point d'exploser.

En fait, quand il nous a prévenus qu'il resterait au ghetto et qu'il défierait l'ordre de déportation, personne n'a paru étonné.

— Que feras-tu, David? a demandé Tateh.

En l'espace d'une journée, Tateh s'était presque ratatiné. Son grand corps était voûté. Il avait les yeux enfoncés, et sa peau était si pâle qu'il semblait ne plus avoir de sang dans les veines.

—Je vais rester et me battre, a répondu David. Nous avons formé des groupes dans tout le ghetto. Nous n'avons pas l'intention de céder. Nous avons des fusils et des munitions.

Tateh a hoché la tête.

—Je vois, a-t-il murmuré. Et c'est avec quelques fusils que tu crois pouvoir défier l'armée nazie?

—Nous connaissons ces rues et ces édifices mieux que n'importe quel nazi. C'est là notre avantage. Ça et l'élément de surprise. Les militaires ne s'attendent pas à ce que nous leur résistions.

Tateh a de nouveau remué la tête et ouvert la bouche comme pour parler. Mais il n'a rien ajouté. C'était comme si cette discussion avec David lui avait brusquement enlevé toute sa volonté. Mama est alors intervenue.

—Où vivras-tu? Comment vas-tu manger?

David a haussé les épaules.

—Ne t'inquiète pas de ça, Mama. Inquiète-toi pour vous. Je m'en sortirai.

Sur ces mots, il nous a tourné le dos et est sorti. Je l'ai suivi. Je savais ce qu'il ferait en restant au ghetto et je comprenais pourquoi. Mais j'avais besoin de lui parler. Je l'ai rejoint sur les marches de l'immeuble. En voyant mon expression, il m'a prise par le bras et m'a entraînée dans la cour. Là, dans l'ombre de l'immeuble, nous nous sommes laissé tomber sur le sol l'un en face de l'autre. Au début, nous étions incapables de parler. Mais ce n'était pas le silence hargneux que David gardait avec tout le monde.

Cette fois, nous tentions désespérément de comprendre ce qui était sur le point de nous arriver.

— Je ne vais pas marcher à ma mort, a-t-il fini par dire. Même si cela implique que je doive vous abandonner, toi et la famille.

J'ai hoché la tête et attendu qu'il poursuive.

— Les résistants sont de plus en plus nombreux, Sara. Nous sommes résolus à nous défendre. Mordechai Anielewicz est le chef ; il a vingt-trois ans, rien que quelques années de plus que moi. Il organise depuis des mois les activités clandestines ici, dans le ghetto, et rassemble différents groupes dans ce qu'il appelle l'Organisation des combattants juifs. C'est notre nom. Mordechai n'est pas seul. Il y en a d'autres : Aharon Bruskin, Mira Fuchrer, David Hochberg, Leah Perlstein.

C'était la première fois que David nommait les chefs du groupe de résistance et, remplie de crainte et de respect, je l'écoutais parler ouvertement de leurs activités. Je livrais des messages pour mon frère depuis des mois, lui faisant confiance, posant peu de questions, transmettant lettres et petits colis, croyant seulement faire quelque chose de bien. Aujourd'hui, David mettait en place les pièces du casse-tête.

— Je sais que nous avons les moyens de combattre, de riposter énergiquement, a-t-il poursuivi. Nous allons montrer à ces nazis que les Juifs sont capables de se défendre. Nous allons leur montrer que nous sommes forts. Et s'il faut mourir dans cette bataille, alors je préfère mourir ici.

David avait les yeux brillants, et il y avait longtemps que je ne l'avais pas entendu parler avec autant de fougue et de conviction. Je ne pouvais le contredire. J'aurais pu le supplier de nous accompagner mais, au fond de mon cœur, j'enviais sa passion. Je ne pouvais m'empêcher de penser que notre convoi nous mènerait peut-être à notre mort. Alors, même si mon frère courait le risque d'être tué en restant ici, dans le ghetto, il prenait peut-être la meilleure décision. En se battant, on avait au moins le sentiment de faire quelque chose, de se tenir debout.

J'avais, moi, un choix impossible à effectuer. Partir avec ma famille et affronter la mort, ou rester, me battre et affronter la mort. Je n'avais aucun choix, en fait.

Et je savais que, même si j'avais voulu rester avec David, Mama et Tateh ne me l'auraient pas permis. De toute façon, je n'aurais jamais pu abandonner mes parents. David pouvait rester ici, mais je devais être avec Hinda et Bubbeh. C'était là que j'avais besoin d'être, là que je serais le plus utile, peu importait l'issue.

J'ai serré David dans mes bras — la première et la seule étreinte dont je me souvienne.

— Combats aussi pour moi, lui ai-je chuchoté à l'oreille.

Sara Gittler

Le 8 janvier 1943
Que vais-je faire de tous mes écrits? Nous avons

passé les derniers jours à trier nos biens et à déterminer ce que nous emporterions ; c'est-à-dire, en fait, que Mama et moi avons trié nos choses. Bubbeh reste assise au même endroit et pleure. Tateh joue avec Hinda et essaie de la distraire, pendant que Mama écarte ses derniers jouets en faveur d'articles plus essentiels. Mais, vous savez, nous avons si peu à trier qu'il n'est pas difficile de prendre des décisions. Emporter le manteau, laisser la chaise. Emporter la couverture, laisser la casserole. En fait, nous choisissons surtout les vêtements et la nourriture plutôt que les meubles et les accessoires. Ce sont des décisions faciles. Les plus difficiles concernent les objets personnels, comme les photos et mes écrits.

Si j'emporte mes écrits, comment les garderai-je en sûreté alors que je ne suis pas sûre de l'être moi-même ? Mais, si je les laisse ici, où vais-je les mettre ? Les prendre ou les laisser, voilà le problème qu'il me faut résoudre.

Sara Gittler

Le 9 janvier 1943
Voici ce que je vais faire. Je vais laisser mes écrits. Je vais les enterrer dans la cour de l'immeuble avec les dessins que Deena m'a donnés. D'une certaine façon, cela me paraît être la meilleure décision, la plus sûre.

Qu'est-ce que je raconte ? Suis-je en train d'admettre que je ne pense pas m'en sortir vivante et que je ne veux pas voir mon journal détruit en même temps que moi ?

C'est peut-être un peu ça, bien qu'il soit trop douloureux de l'écrire. Quand je regarde ma page, j'ai envie d'effacer la dernière ligne, comme si cela pouvait effacer simplement cette possibilité.

Étrangement, je n'ai pas peur. Je suis jeune et forte. J'ai la chance d'avoir mes parents, ma sœur et ma grand-mère avec moi. J'ai déjà affronté tellement de choses depuis que je suis ici, dans le ghetto ! Et je dois rester forte pour faire face à ce qui m'attend.

Je laisserai mes écrits ici. Je crois que, un jour, quelqu'un viendra les déterrer. Et j'espère que ce quelqu'un sera moi.

Sara Gittler

Chapitre 13

Sans cesser de parler, le rabbin Gardiner fit signe à Laura de le rejoindre sur l'estrade de la synagogue. Laura exhala lentement, prit le journal de Sara, rassembla ses notes et gravit les marches pour aller se placer à côté de lui. Elle avait le trac, et il lui fallut un instant pour calmer les battements de son cœur. Quand elle se tourna devant l'auditoire rassemblé pour célébrer sa Bat Mitzvah, elle ne vit qu'une mer de visages souriants, aimants. Elle se sentit aussitôt à l'aise.

À la première rangée, sa mère se tamponnait les yeux avec un mouchoir en papier. Laura n'avait pas encore commencé à parler que sa mère pleurait ! Rien d'étonnant à cela... Son père, lui, paraissait sur le point d'exploser de fierté. Rayonnant, clignant des yeux, il sourit nerveusement dans sa direction. Il s'était levé à l'aube ce matin-là, avait fait du remue-ménage dans la maison, allant d'une pièce à l'autre, énervant tout le monde. Laura lui avait finalement dit d'arrêter de marcher de long en large et d'aller déjeuner ; elle s'en tirerait très bien. À quel moment était-elle devenue si calme, si sûre d'elle ? Quant à Emma, elle était tout sourire, et elle lissait la jolie robe à fleurs qu'elle avait choisie toute seule pour l'occasion. Si on lui avait posé la question, elle aurait répondu que c'était sa célébration et non celle de Laura. Elle croyait toujours être le centre d'attention. Mais, aujourd'hui, cela ne dérangeait pas Laura.

Laura prit une autre minute pour parcourir l'audience du regard : ses tantes, ses oncles, ses cousins, ses cousines, ses camarades d'école et les amis de ses parents. Elle chercha Adam et Nix des yeux ; ils étaient tous les deux là, assis à l'avant, le sourire fendu jusqu'aux oreilles. Adam portait un costume bleu —probablement le seul qu'il possédait. Laura devait admettre qu'il était plutôt séduisant ; il n'était pas du tout farfelu comme à l'accoutumée, malgré la cravate John Lennon qu'il avait dû, Laura le savait, mettre juste pour elle. Elle se promit de danser avec lui plus tard ce soir-là. Il allait adorer la musique qu'elle avait choisie pour le bal. Nix agita discrètement la main en signe d'encouragement, et Laura lui adressa un grand sourire. Ce moment lui appartenait, et elle entendait en profiter totalement.

Elle fut soudain distraite par un mouvement quelque part dans la salle. Tournant la tête, elle fut ravie de voir Mme Mandelcorn, qui remontait une allée de la synagogue. Elle murmurait des excuses tout en essayant de trouver un siège libre. Une femme un peu plus jeune l'accompagnait. Laura remarqua leur ressemblance : sa sœur, sans doute. Mme Mandelcorn était en retard, comme d'habitude mais, cette fois, ça ne dérangeait pas Laura. Les deux femmes prirent place et levèrent les yeux vers elle.

Elle était prête, à présent. D'une voix claire et assurée, elle entonna en hébreu les prières qu'elle répétait depuis des mois. Sa voix portait et avait une douce qualité mélodique agréable à l'oreille. À l'aide de la baguette d'argent que le rabbin lui avait tendue, elle toucha la Torah, le rouleau de parchemin d'écritures ouvert à la partie qui serait lue ce jour-là. Elle se sentit soudain émue par l'importance de ce qu'elle vivait — cette cérémonie traditionnelle marquant son passage à l'âge adulte. Debout à côté d'elle, le rabbin lui serra le bras. Elle s'en sortait bien, et il reconnaissait le travail qu'elle avait accompli. Le service se déroula rapidement, d'une prière à l'autre, jusqu'au discours de Laura.

Elle ouvrit son cahier et jeta un nouveau regard sur les visages souriants. Elle ne se rappelait pas à quelle heure elle avait terminé le journal de Sara quelques soirs plus tôt. Même s'il restait des questions sans réponse, elle avait fini par déterminer ce qu'elle dirait dans son discours.

— Je vais vous parler d'une jeune fille qui a vécu à l'époque de la Deuxième Guerre mondiale et de l'Holocauste. Elle s'appelait Sara Gittler.

Après cette introduction, Laura dépeignit la vie de Sara ; elle parla de sa famille, de son frère et de sa sœur, de ses parents et de ses grands-parents, et de ce qu'elle faisait avant la guerre. Puis, elle décrivit la construction du ghetto de Varsovie, où Sara et des milliers d'autres Juifs s'étaient retrouvés enfermés derrière les murs d'une prison.

—Lorsque Sara est allée vivre dans le ghetto, elle a dû abandonner presque tout ce qu'elle possédait, tout ce qui lui importait, ses livres, ses jouets, son animal de compagnie et de nombreux amis. Elle a laissé sa liberté pour entrer dans une prison où sa famille et elle ont dû partager un minuscule appartement d'une seule chambre. Chaque jour était un jour de lutte ; elle n'avait presque rien à manger, presque rien à faire.

Laura ouvrit le journal que Mme Mandelcorn lui avait remis et en lut un passage pour l'auditoire, prononçant à voix haute les mots de Sara, leur donnant une voix.

Je rêve de marcher dans une rue achalandée, et de m'arrêter dans un café pour manger de la crème glacée et du gâteau. Je rêve de fréquenter une vraie école et de m'asseoir à la première rangée de la classe, d'où j'écouterais chaque mot prononcé par l'enseignant. Je rêve de m'acheter une robe neuve ou peut-être dix. Je rêve surtout de devenir une auteure célèbre, d'écrire des histoires que tout le monde lira. Je rêve que personne n'oublie mon nom.

—C'étaient les rêves de Sara, reprit Laura en regardant les gens rassemblés. Mais je ne crois pas qu'elle ait eu la possibilité de les réaliser. Sa famille et elle ont été déportés au camp de concentration de Treblinka. Elle a laissé son journal enterré dans la cour de leur immeuble… Quand Sara a écrit ces mots, elle avait treize ans et demi ; elle était juste un peu plus âgée que moi. Elle avait les cheveux foncés, les yeux bruns et des taches de rousseur sur le nez, comme moi. Comme moi, elle adorait les livres et se souciait de ses amis. Comme moi, elle avait une petite sœur. Avant la guerre, elle allait à l'école, pratiquait des sports et écoutait de la musique. Elle s'achetait des vêtements et se demandait si elle était ou non populaire. Nous sommes pareilles à tellement d'égards ! Mais, quand Sara songeait à l'avenir, elle ne se demandait probablement pas où sa famille passerait les prochaines vacances, quelle université elle fréquenterait plus tard… Elle se demandait si elle serait vivante ou morte. Et, quand elle voulait que le monde la remarque, ce n'était pas par prétention, mais parce qu'elle se sentait abandonnée, tout comme des millions d'autres Juifs à la même époque.

Laura s'interrompit et regarda devant elle. L'auditoire était plongé dans le silence. Sa mère s'essuya de nouveau les yeux tout en prenant la main de son mari. Même Emma, qui, d'habitude, ne tenait pas en place, était immobile et écoutait attentivement. Laura se promit de lui parler davantage de la vie de Sara, de lui en expliquer le plus possible.

En parcourant les visages, le regard de Laura

tomba sur Mme Mandelcorn. Laura sursauta en voyant que Mme Mandelcorn avait incliné la tête et qu'elle sanglotait, un mouchoir blanc sur le visage. Sa sœur l'entourait de son bras. Les deux femmes étaient côte à côte, et leurs têtes se touchaient. L'espace d'un instant, Laura perdit sa concentration. Elle se demanda, consternée, si elle avait offensé Mme Mandelcorn. Mais c'était, après tout, cette dernière qui, en premier lieu, lui avait confié le journal de Sara. Laura aurait peut-être dû consulter la vieille dame au sujet du discours qu'elle prévoyait prononcer. Elle n'avait jamais eu l'intention de la bouleverser ainsi. Un instant plus tard, Mme Mandelcorn leva les yeux et bougea légèrement la tête. Laura comprit qu'elle faisait ce qu'il fallait : Mme Mandelcorn l'encourageait à poursuivre.

—Je voudrais vous confier une chose survenue à mon école il y a quelques semaines.

Laura relata alors l'incident du cimetière et la façon dont il l'avait troublée pendant qu'elle lisait le récit de Sara.

—C'est facile pour nous de reculer devant des actes d'intimidation et de vandalisme. Nous leur tournons le dos et nous prétendons qu'ils ne nous regardent pas. Nous sommes peut-être même terrifiés à l'idée de faire ou de dire quelque chose quand notre communauté ou nos amis sont menacés. Pendant la Deuxième Guerre mondiale, trop peu de gens dans le monde ont accepté de se porter à la défense de Sara et des autres. Mais la lecture du journal de Sara m'a fait comprendre que nous avons tous la responsabilité de parler, même quand nous avons peur.

Levant les yeux, Laura croisa le regard de Nix, qui avait levé les pouces en acquiesçant d'un air rassurant.

— L'incident survenu dans notre communauté et le journal de Sara m'ont ouvert les yeux, poursuivit Laura. J'ai appris à ne plus considérer ma vie et mes libertés comme allant de soi. J'ai appris que la chose la plus importante consiste à défendre ce qui est juste. J'ai appris l'importance de la vraie amitié. Nous connaissons tous les terribles statistiques : un million et demi d'enfants juifs n'ont pas survécu à l'Holocauste. Un million et demi de vies. Chacune était importante, comme celle de Sara. Au cours des dernières semaines, j'ai cherché comment rendre hommage à Sara à ma Bat Mitzvah, et je profite maintenant de l'occasion pour réunir le passé et le présent. Le jour de ma Bat Mitzvah sera à jamais celui de Sara Gittler. Elle nous a demandé de nous souvenir d'elle, et c'est exactement ce que je fais en prononçant aujourd'hui, dans cette synagogue, son nom à voix haute.

Chapitre 14

Aussitôt le service terminé, les gens rassemblés dans la synagogue accoururent pour entourer Laura. Des amis comme des étrangers la serraient dans leurs bras, l'embrassaient, lui pinçaient les joues et lui souhaitaient *mazal tov*, ce qui signifie « félicitations » en hébreu. On la bousculait de tous les côtés, et elle était aux anges.

Sa mère fut la première à venir l'embrasser, en pleurant encore doucement et en lui chuchotant à l'oreille combien elle était fière d'elle. Son père l'avait suivie.

—Tu as été formidable, ma fille, lui dit-il avec des trémolos dans la voix. Bien meilleure que je ne l'étais à ton âge.

Laura éclata de rire avant de se tourner pour faire un câlin à Emma.

—Est-ce que c'était l'histoire triste? demanda Emma en se dégageant pour la regarder dans les yeux.

—En partie.

Emma hocha la tête, puis se pressa contre sa sœur.

—Mais, maintenant, c'est le moment de t'amuser, dit Laura. Tu as été parfaite aujourd'hui.

Radieuse, Emma esquissa un pas de danse et s'éloigna en faisant tourbillonner sa robe.

Laura scruta la foule. Où pouvaient bien être Adam et Nix ? Elle désespérait de trouver ses amis quand quelqu'un la fit pivoter et lui fit le plus gros câlin possible. C'était Adam.

—Tu as été fantastique, s'écria-t-il.

—Merci, répondit-elle en lui rendant son étreinte.

—Je t'avais bien dit que ça en vaudrait la peine, ajouta-t-il. À présent, on peut faire la fête !

En riant, Laura alla serrer Nix dans ses bras.

—Je n'aurais jamais pu faire ce que tu as fait ! s'exclama Nix, pleine d'admiration. C'était merveilleux.

Laura ne répondit pas ; ce n'était pas nécessaire. Ils gardèrent tous trois ce silence réconfortant que seuls de vrais amis peuvent partager.

Laura aperçut alors Mme Mandelcorn, qui se tenait à l'écart, respectueusement, et qui regardait l'échange d'un air hésitant.

—Allez manger, dit-elle à ses amis. Il faut que je parle à quelqu'un. Gardez-moi une place à votre table.

Elle se dirigea ensuite vers Mme Mandelcorn et lui tendit la main.

—Merci beaucoup d'être venue.

Ignorant la main tendue, Mme Mandelcorn serra Laura dans ses bras. Puis, elle essuya les dernières larmes qui perlaient dans ses yeux.

—Merci à toi, répondit-elle d'une voix chevrotante. Je ne m'attendais pas à être si émotive pendant ton discours, ma chérie.

—Je n'avais pas l'intention de vous bouleverser, se hâta de dire Laura.

—Non, non. Je ne suis pas bouleversée, seulement émue… profondément émue.

Laura hocha la tête. Elle allait demander à Mme Mandelcorn de se joindre à ses invités pour le repas quand la sœur de celle-ci apparut.

—Tu viens, Sara?

—Oui, Hinda, dans un petit moment. S'il te plaît, va chercher la voiture et attends-moi.

Sa sœur fit un signe de tête et s'éloigna.

Sara? Hinda? Laura resta bouche bée. La tête lui tournait. Prenant conscience de ce qui venait de se passer, elle saisit le bras de Mme Mandelcorn.

—C'est vous, n'est-ce pas? Vous êtes Sara. C'est votre journal… votre récit!

Elle croyait voir un fantôme reprendre vie. Sara n'était pas morte. Elle vivait et se tenait devant elle. Comment Laura avait-elle pu être naïve au point de ne pas deviner la vérité avant ce moment? Tous les indices étaient là: l'âge de Mme Mandelcorn, sa répugnance à parler du passé, le fait qu'elle vivait avec sa sœur cadette. Pourquoi Laura n'avait-elle pas fait attention à cela? Avait-elle été si absorbée par sa propre vie, par ses propres problèmes, que ce qui crevait les yeux lui avait échappé?

Mme Mandelcorn acquiesça en souriant. Une fois de plus, des larmes brillaient dans ses yeux, et elle les épongea avec son mouchoir de dentelle.

—Pourquoi ne pas me l'avoir dit? s'écria Laura.

179

Elle ne parvenait pas encore à croire que Mme Mandelcorn et Sara étaient une seule et même personne. La vieille dame secoua la tête.

—Je voulais que le texte parle par lui-même.

—Mais j'aurais fait quelque chose de plus... Je vous aurais au moins présentée à la synagogue.

—Oh, non! protesta Mme Mandelcorn. J'ai déjà trouvé assez pénible de partager mon histoire avec toi. En public, je n'aurais jamais pu.

—Me direz-vous ce qui est arrivé? demanda Laura en essayant de reprendre contenance. J'ai tant de questions!

—C'est un jour de festivités et non de tristesse, ma chérie, répondit Mme Mandelcorn après un long moment de réflexion.

La mère de Laura apparut alors. Elle s'arrêta net puis sourit, l'air confus, en apercevant Mme Mandelcorn.

—Le repas va commencer, Laura. Tous les invités attendent dans la salle.

—Maman, je te présente Mme Mandelcorn, la dame qui m'a prêté le journal.

Encore abasourdie d'avoir découvert son identité, Laura se sentait incapable de donner des explications à sa mère. Celle-ci déclara :

—Enchantée de faire votre connaissance. Le journal a produit un effet incroyable sur ma fille. J'espère que vous vous joindrez à nous pour le repas.

—Je vous remercie de l'invitation, mais je dois

partir. Votre fille a été extraordinaire.

La mère de Laura sembla sur le point d'ajouter quelque chose, mais elle se contenta de dire:

— Tu dois venir maintenant, ma chouette.

— Vas-y, maman. Je te rejoins dans quelques minutes… promis.

Sa mère fit un signe de tête et s'éloigna.

— Je dois savoir, reprit Laura en se tournant vers Mme Mandelcorn. Vous devez me raconter ce qui est arrivé à Sara… ce qui vous est arrivé.

Mme Mandelcorn acquiesça d'un signe de tête et elle commença à parler. Elle choisissait soigneusement ses mots. Elle reprit son récit là où elle l'avait laissé.

— J'ai enterré le journal, et nous avons quitté le ghetto le lendemain matin, soit le 10 janvier 1943. Nous avons marché en ligne vers la gare d'Umschlagplatz. Il n'y avait rien de plus désolant que de voir des milliers de personnes en route vers la gare, formant un convoi misérable, en haillons. Je me cramponnais à Bubbeh, tandis que Mama et Tateh tenaient Hinda par la main, entre eux. Nous marchions tous le plus lentement possible. Nous pensions peut-être pouvoir ralentir le passage du temps, retarder l'échéance le plus longtemps possible…

Pendant que Mme Mandelcorn parlait, Laura se sentait projetée dans le passé. Elle ferma les yeux, imaginant les années reculer jusqu'à ce qu'elle ait l'impression de voir une jeune Sara devant elle… son amie

Sara, l'adolescente qu'elle avait parrainée, à qui elle était à jamais liée.

— Nous avons attendu des heures avant de monter dans les trains, reprit Sara. Je ne veux même pas commencer à te décrire ce voyage. C'était insupportable... des conditions qu'on ne devrait infliger à aucun être humain : il n'y avait rien à manger, pas de toilettes, par d'air... Ce n'était que le début. Tateh avait cessé de parler ; il n'essayait plus de convaincre personne que tout s'arrangerait. Même Bubbeh ne pleurait plus. Je crois qu'elle était engourdie et aussi résignée à son sort que nous... Nous sommes arrivés à Treblinka le lendemain matin, et on nous a ordonné de sortir. D'horribles gardes vociféraient et brandissaient leurs carabines devant notre visage. Ils nous ont obligés à nous mettre en ligne et ils ont vite divisé la file, poussant arbitrairement les gens à gauche ou à droite. Mama, Hinda et moi avons été envoyées d'un côté, et Tateh et Bubbeh sont allés de l'autre. Je ne les ai jamais revus. Tateh avait raison, tu sais. Tant que nous étions ensemble, nous étions en sûreté. Mais voilà que, un par un, les membres de ma famille ont été séparés.

Mme Mandelcorn s'interrompit et épongea de nouveau ses yeux. Sans s'en rendre compte, Laura avait pris les mains de la vieille dame et les agrippait ; elle était suspendue à ses lèvres et osait à peine respirer. Écouter parler Mme Mandelcorn, c'était comme lire les dernières pages du journal de Sara, celles qu'elle n'avait jamais écrites.

—J'ai pu rester avec Mama et Hinda. Je ne saurai jamais comment il se fait que les nazis n'aient pas remarqué une fillette de l'âge de ma petite sœur. La plupart des jeunes enfants étaient envoyés directement à la mort. Hinda n'avait que huit ans, mais elle était grande, presque aussi grande que moi. Les gardes ont probablement cru qu'elle était plus vieille qu'elle ne l'était en réalité. Ç'a peut-être été notre seule petite chance... Nous sommes restées à Treblinka très peu de temps, mais chaque journée là-bas, chaque heure, semblait une éternité. Mama est décédée une semaine après notre arrivée. J'ai compris plus tard que sa maladie avait commencé dans le ghetto — elle avait attrapé une infection pulmonaire qui n'avait jamais été traitée. Elle ne s'est jamais plainte, elle ne nous a jamais laissé savoir qu'elle souffrait. Elle était comme ça : soucieuse du bien-être de chacun à l'exception du sien. Elle est morte dans son sommeil dans les baraquements froids et humides où on nous obligeait à vivre. Il ne restait donc plus que Hinda et moi... Peux-tu imaginer, Laura ? Je n'avais que treize ans ; j'étais une enfant, et j'étais responsable de la vie de ma petite sœur. J'ai compris que nous devions sortir du camp de Treblinka. Quelques jours après, les nazis ont demandé des volontaires ; ils avaient besoin de travailleurs dans une manufacture des environs. Au camp de concentration, les gens avaient peur de se porter volontaires pour quoi que ce soit, car ils ne savaient jamais si c'était pour aller à leur propre mort. Mais j'ai couru le risque, et je me suis proposée, avec Hinda. Nous devions avoir l'air fortes, parce qu'on nous a mises aussitôt dans un train et conduites, cette fois, à une usine d'armement pour assembler des missiles et d'autres bombes pour les nazis. C'était atrocement pénible, et j'ai souvent pensé que nous ne survivrions pas. Au moins, nous étions à l'intérieur et nous mangions une fois par jour. C'est là que nous nous trouvions quand la guerre a pris fin et que l'armée russe nous a libérées.

Mme Mandelcorn s'était mise à chuchoter. Dans le hall d'entrée de la synagogue, le silence était complet. Les gens étaient soit partis, soit allés dans la salle où le repas de fête était servi. La famille de Laura l'attendait. Adam et Nix se demandaient probablement ce qui la retenait. Mais elle ne pouvait s'arracher à Mme Mandelcorn. Il restait encore des questions irrésolues.

— Qu'est-ce que vous avez fait ?

— Nous sommes retournées à Varsovie dès que nous l'avons pu. C'était la seule chose à laquelle nous pensions, le seul foyer que nous connaissions. Là-bas, nous avons retrouvé une tante qui avait également survécu, et nous sommes allées habiter chez elle. Après avoir souffert de la faim pendant plusieurs mois dans les camps de concentration, Hinda et moi étions malades. Nous avions besoin de temps pour nous refaire une santé. Nous devions aussi essayer de décider de notre avenir. Nous savions que Tateh et Bubbeh avaient été tués au camp. Quelqu'un nous avait dit les avoir vus marcher vers les chambres à gaz avec le premier convoi de gens venus du ghetto. J'espérais désespérément obtenir des nouvelles de David. De tout mon cœur, je voulais croire qu'il était vivant mais, au fond de moi, je n'avais pas beaucoup d'espoir. La plupart des jeunes combattants juifs du soulèvement avaient été abattus. Ils n'avaient tout simplement aucune chance contre les nazis et leurs armes, leurs munitions et leurs chars d'assaut. Je n'ai jamais appris ce qui est arrivé à David, mais je croirai toujours qu'il a trouvé la mort en combattant, qu'il est mort libre, exactement comme il le voulait. Il était mon héros.

Laura luttait pour refouler ses larmes. Il restait encore une chose qu'elle voulait savoir.

—Comment avez-vous retrouvé votre journal?

—J'ai attendu plusieurs mois avant de m'aventurer dans le ghetto, à la recherche de mon journal. J'éprouvais une sensation d'irréalité en marchant dans les rues après la fin de la guerre. Tout était en ruine : il y avait des immeubles bombardés, de profonds cratères dans le chemin, des piles de débris partout… Tout ce que j'espérais, c'était retrouver mon journal. J'avais terriblement peur qu'il ne soit enterré sous les décombres et perdu à jamais. Imagine ma surprise quand je suis arrivée dans la cour de notre immeuble et que je l'ai découvert exactement là où je l'avais laissé. J'ai trouvé du premier coup l'endroit où j'avais enterré mes écrits. Dès que j'ai commencé à creuser, j'ai senti le journal et les dessins de Deena. J'ai fait encadrer son dessin du coucher de soleil sur un lac ; il est accroché dans mon salon.

Laura poussa un cri étranglé. Elle avait vu ce dessin, elle s'était sentie attirée par lui le jour de sa première visite chez Mme Mandelcorn.

— Et Deena ? demanda-t-elle d'une voix douce. Avez-vous appris ce qu'elle est devenue ?

— Elle a survécu, répondit Mme Mandelcorn en souriant enfin. C'est un miracle qu'une personne des premiers convois s'en soit sortie. Sa famille a été tuée, mais elle est parvenue à rester en vie. Elle habite à New York aujourd'hui, et elle est devenue une peintre réputée. Elle a exposé ses œuvres plusieurs fois, et je suis allée à chacune de ses expositions.

Pour Laura, une autre pièce du casse-tête venait d'être placée.

— À la fin de la guerre, la Pologne n'était toujours pas un endroit accueillant pour les Juifs, soupira Mme Mandelcorn. J'ai appris qu'il était possible, pour les orphelins juifs comme Hinda et moi, de quitter l'Europe et de gagner l'Amérique du Nord. Nous sommes arrivées en 1947, et nous vivons ici depuis. C'est la fin de mon histoire.

La mère de Laura les rejoignit.

— Laura, ma chérie, dit-elle, tu dois vraiment venir maintenant. Tous tes invités attendent.

— J'arrive dans un instant, maman, répondit Laura en hochant la tête. Vous êtes vraiment la bienvenue au repas, vous savez, ajouta-t-elle en se tournant vers Mme Mandelcorn.

Elle se sentait faible, en proie à un mélange d'émotions. Toutes ses questions avaient reçu une réponse. Toutes les pièces étaient en place. La fin de l'histoire de Mme Mandelcorn — de Sara — avait été terriblement triste par endroits, tout comme elle l'avait craint. Mais Sara avait survécu, de même que Deena et Hinda. Le savoir apaisait quelque peu son esprit.

Mme Mandelcorn secoua la tête.

— Non, ma chère enfant. Je dois partir. Je t'en prie, ne prends pas cet air attristé. Aujourd'hui, tu m'as honorée plus que tu ne l'imagines. Plus encore, tu as rendu hommage à mes parents, à mes grands-parents, à David.

— J'ai l'impression que cela ne suffit pas... par rapport à tout ce que vous avez enduré.

— C'est plus que tu ne peux l'imaginer, répéta Mme Mandelcorn en posant la main sur la joue de Laura.

Laura acquiesça d'un signe de tête, puis elle sortit le journal de son sac. Elle l'ouvrit une fois de plus et regarda attentivement les mots écrits. Ils avaient maintenant un sens nouveau.

— Voilà, dit-elle en le tendant à Mme Mandelcorn. Je dois vous le rendre pour que vous puissiez le mettre en sûreté.

La vieille dame l'examina, puis leva les yeux vers Laura.

— Je crois que tu peux le garder, maintenant.

— Oh, non ! protesta Laura. C'est trop précieux.

Je ne pourrais…

—… j'insiste, dit Mme Mandelcorn en repoussant doucement le journal. Tu as fait quelque chose pour moi aujourd'hui, Laura. Tu m'as apporté une paix en laquelle je n'osais espérer. J'aimerais, en retour, te donner le journal. Il te fera toujours penser à moi. Un jour, ce sera à toi de le transmettre, tout comme tu as transmis mon histoire aujourd'hui. C'est la meilleure chose que tu puisses faire pour moi.

Laura tint le journal bien fort dans ses mains, puis le serra contre sa poitrine.

—Je vous promets d'aller vous voir. Je ne vous oublierai jamais.

—Je suis contente.

Sur ces mots, Mme Mandelcorn sortit lentement de la synagogue. Laura la regarda partir, puis elle alla rejoindre sa famille et ses amis.

Note de l'auteure

Dans des communautés du monde entier, de jeunes Juifs célèbrent leur Bar Mitzvah (les garçons, à 13 ans) et leur Bat Mitzvah (les filles, à 12 ans). Cette fête marque le passage à l'âge adulte des enfants juifs ; c'est à ce moment qu'on leur demande de se conformer aux règles et aux traditions de leur religion. Ils étudient parfois pendant plusieurs mois pour se préparer à cette cérémonie. Ce jour-là, ils se rendent à la synagogue, où on leur demande de réciter des prières et des bénédictions extraites de la Torah —le rouleau des enseignements juifs. Il s'agit d'un événement important dans la vie des enfants juifs, et la cérémonie est souvent suivie d'une fête avec un repas, des cadeaux et des activités festives.

Depuis quelques années, dans le but de donner plus de sens à cette cérémonie, les synagogues incitent les jeunes à la « partager » avec des enfants juifs ayant vécu pendant la Deuxième Guerre mondiale et connu l'Holocauste. Dans la majorité des cas, ces enfants n'ont pas survécu à la guerre. Des six millions de Juifs morts ou tués pendant cette période, nous savons qu'au moins un million et demi étaient des petits de moins de six ans. Dans certains cas, les jeunes « partagent » leur passage à l'âge adulte avec un survivant de l'Holocauste toujours en vie, une personne dont l'enfance a été interrompue par la guerre et qui n'a donc jamais eu la possibilité de célébrer sa Bar ou Bat Mitzvah.

Lorsqu'un jeune d'aujourd'hui partage sa cérémonie avec un enfant de l'Holocauste, il donne l'occasion de commémorer et d'honorer, même modestement, de nombreux enfants perdus. Ce programme porte désormais le nom de Programme de parrainage.

Les personnages du *Journal de Sara* sont fictifs. Le roman contient pourtant de nombreux éléments historiques. Le ghetto de Varsovie a vraiment existé pendant la Deuxième Guerre mondiale ; c'était le plus grand ghetto juif à avoir été établi par les nazis. Il a été construit par des Juifs en octobre 1940 et complètement coupé du monde en novembre de la même année. À ce moment-là, près d'un demi-million de Juifs y vivaient, emprisonnés derrière les hauts murs entourant un quartier de 3,3 kilomètres carrés.

La vie était dure à l'intérieur du ghetto ; la surpopulation était terrible, la nourriture, rare, et les maladies se propageaient très rapidement. Ces conditions causèrent la mort de milliers de personnes. Quelques Juifs purent trouver un emploi. Mais, sous le regard vigilant de leurs patrons nazis, le travail était pénible et ennuyeux.

Au début de juillet 1942, les nazis commencèrent à déporter les Juifs du ghetto de Varsovie au camp de concentration de Treblinka. Les Juifs étaient rassemblés au cours de rafles et conduits à Umschlagplatz, la place centrale. De là, on les faisait monter dans des trains qui les emmenaient au camp de la mort. Plus de 300 000 Juifs du ghetto de Varsovie furent envoyés à Treblinka. Très peu d'entre eux survécurent.

À l'intérieur du ghetto, un certain nombre d'hommes et de femmes juifs se regroupèrent pour combattre. Ils reçurent, en polonais, le nom de *Zydowska Organizacja Bojowa* (ZOB) ou Organisation des combattants juifs. Mordechai Anielewicz était leur commandant. Il était âgé de 23 ans. Il travaillait dans le ghetto et assurait la coordination avec le mouvement clandestin polonais pour trouver des armes et former de jeunes combattants juifs pour résister à leur future déportation.

La rébellion des combattants juifs fut par la suite connue sous le nom de soulèvement du ghetto de Varsovie. Les nazis s'attendaient à écraser la révolte juive en quelques jours. Avec leur grande armée, ils étaient beaucoup plus nombreux et disposaient d'armes plus puissantes. Le soulèvement dura en réalité un mois entier. Les résistants juifs refusaient de se rendre. À l'aide de grenades rudimentaires, de quelques carabines et d'autres explosifs artisanaux, ils parvinrent à faire reculer leurs oppresseurs. À la fin, les nazis mirent le feu au ghetto pour tenter de se débarrasser des soldats de la résistance encore sur place. Plusieurs mois après l'écrasement officiel du soulèvement, on rapportait encore des résistants juifs dans des bunkers cachés, qui continuaient de combattre les nazis.

Janusz Korczak était un médecin et un éducateur polonais. Il fut emprisonné dans le ghetto et devint le directeur de l'orphelinat qui s'y trouvait. Avant la guerre, il avait dirigé l'orphelinat juif de Pologne. Il rêvait alors d'ouvrir un orphelinat où enfants juifs et catholiques cohabiteraient. Pendant qu'il était dans le ghetto, Dr Korczak eut plusieurs fois l'occasion de fuir. Mais il refusa de laisser ses orphelins. Le 6 août 1942, ces derniers et lui furent déportés au camp de concentration de Treblinka. Ils marchèrent vers le train avec courage et dignité, comme le rapportèrent des témoins du ghetto.

Tout au long de sa vie, Dr Korczak crut en la nécessité d'une déclaration des droits des enfants dans le monde. Les Nations Unies se sont fondées sur ses enseignements et sur ses écrits pour adopter, en 1989, la Convention sur les droits des enfants, dont le droit à l'amour, à la protection, au respect, au bonheur ou à beaucoup d'autres choses. Aujourd'hui, plus de 190 pays du monde entier ont signé la Convention. Grâce au Dr Korczak, les droits des enfants sont de plus en plus reconnus et respectés partout dans le monde.

Les héros du soulèvement du ghetto de Varsovie

Environ 1000 Juifs participèrent au soulèvement du ghetto de Varsovie, dirigé par une poignée de commandants. Ces hommes et ces femmes étaient inadéquatement formés, peu armés et trop peu nombreux. Seule une poignée d'entre eux survécut. Tous les combattants de la résistance juive se conduisirent en héros en refusant de se rendre aux nazis sans se battre. Voici une courte biographie de plusieurs de ses chefs.

Mordechai Anielewicz
Ce jeune commandant du soulèvement du ghetto de Varsovie naquit en 1919 dans un quartier défavorisé de Varsovie. À l'adolescence, il devint membre d'un mouvement de jeunesse qui aidait les Juifs à sortir de Pologne. Il fut arrêté et emprisonné pour ses activités dans le mouvement. À sa libération, il retourna à Varsovie et au ghetto, où il collabora à la publication d'un journal clandestin et

organisa des réunions de résistants. Il sortit même à plusieurs reprises du ghetto pour visiter des amis et des camarades dans d'autres ghettos. Toutes ces activités le destinaient à un poste de direction et, en novembre 1942, alors qu'il n'était âgé que de 23 ans, il fut élu commandant en chef de l'Organisation des combattants juifs du ghetto de Varsovie. Il commença alors à préparer son groupe à lutter contre les nazis.

Le 19 avril 1943, à la veille de la Pâque juive, alors que les nazis entreprenaient la dernière déportation massive de Juifs du ghetto de Varsovie vers le camp de concentration, Mordechai et son armée de résistants frappèrent. Bien que beaucoup moins nombreux que les nazis, ils refusèrent de se rendre. La plupart perdirent la vie dans les affrontements qui suivirent. Mordechai Anielewicz fut tué le 8 mai quand les troupes nazies firent irruption dans son quartier général. Il n'avait que 23 ans.

Selon certains, Mordechai et les autres personnes ayant pris part au soulèvement ne crurent jamais vraiment qu'ils survivraient. Ils savaient qu'ils n'avaient pas de chances de vaincre l'armée nazie, puissante et bien équipée. C'est plutôt pour choisir leur genre de mort que Mordechai et les autres se battirent. Dans une dernière lettre à un ami caché à l'extérieur du ghetto, Mordechai écrivit : *Je sens que de grandes choses se passent, et ce que nous osons faire est d'une grande, d'une énorme importance… Je suis témoin de cette bataille grandiose et héroïque menée par les combattants juifs.*

Mira Fuchrer

Mira était également une activiste et, pendant son adolescence, elle avait fait partie d'un mouvement de jeunesse juif croyant que le peuple juif trouverait la liberté en allant s'installer sur la terre qui devint par la suite Israël. C'est à cette époque qu'elle fit la connaissance de Mordechai Anielewicz et qu'elle tomba amoureuse de lui. Pendant le soulèvement du ghetto de Varsovie, elle se battit à ses côtés et fut également tuée le 8 mai, quand l'armée nazie fit irruption dans le quartier général, où ils luttaient. Au moment de sa mort, elle n'avait que 23 ans.

Leah Perlstein

Leah, une jeune enseignante, faisait aussi partie du mouvement de jeunesse qui se préparait à gagner un jour la terre qui deviendrait Israël. En 1940, elle collaborait à l'organisation d'un groupe de Juifs qui se préparait à quitter la Slovaquie quand on lui demanda d'aller aider le mouvement de résistance du ghetto de Varsovie. Elle travaillait à l'extérieur du ghetto, achetant des armes et négociant pour obtenir l'aide du mouvement polonais clandestin. Elle fut abattue par les soldats nazis en janvier 1943.

Aharon Bruskin

On sait peu de chose sur les premières années de ce jeune homme né en 1918, à la fin de la Première Guerre mondiale. Il était, lui aussi, un membre actif de l'Organisation des combattants juifs du ghetto de Varsovie et il luttait aux côtés de Mordechai Anielewicz pendant le soulèvement. Le 7 mai 1943, en compagnie d'un groupe de combattants, il sortit par les égouts pour essayer d'obtenir l'aide d'amis de l'extérieur du ghetto. Alors qu'ils émergeaient, ils tombèrent sur un groupe de soldats nazis qui se tenaient en embuscade. Aharon trouva la mort au cours de cette opération. Il n'avait que 25 ans.

David Hochberg

Ce jeune homme courageux n'avait que 19 ans quand il devint le commandant d'un groupe de combat du ghetto de Varsovie. Sa mère lui avait interdit de joindre les rangs de l'Organisation des combattants juifs, mais il désobéit à ses ordres pour prendre part à la résistance. Pendant le soulèvement, il défendit un bunker situé au 29 de la rue Mila, où se cachaient plusieurs centaines de civils. Quand les nazis attaquèrent, il était clair que toutes les personnes qui se trouvaient dans l'abri mourraient. David jeta ses armes et bloqua l'étroite ouverture avec son propre corps. Il fut tué immédiatement mais, pendant que les soldats nazis essayaient de retirer son corps de l'entrée, le groupe de civils réussit à prendre la fuite.

Zivia Lubetkin
Zivia, une fondatrice de l'Organisation des combattants juifs, fut la seule femme de son haut commandement. Son nom en polonais, Cuwia, était le nom de code pour «Pologne» dans les lettres envoyées aux groupes de résistance à l'intérieur et à l'extérieur du ghetto de Varsovie. Pendant les derniers jours du soulèvement, elle conduisit un groupe de combattants dans les égouts de Varsovie et réussit à s'échapper. Elle fut l'une des rares combattantes à survivre. Après la guerre, elle aida d'autres survivants de l'Holocauste à quitter l'Europe de l'Est pour aller vers la terre qui deviendrait Israël. Elle-même s'y rendit en 1946, et elle contribua à la fondation de la Maison des combattants du ghetto, un musée consacré aux résistants du ghetto de Varsovie. Elle épousa Yitzhak Zukerman, également membre de l'Organisation des combattants juifs de Varsovie. Zivia mourut en 1976.

Marek Edelman
Né en 1922, Marek n'avait que 21 ans quand il participa au soulèvement aux côtés de Mordechai Anielewicz. Il était l'un des trois sous-commandants défendant le quartier des fabricants de brosses du ghetto. Marek parvint à s'échapper du ghetto pendant les derniers jours du soulèvement. Après la guerre, il étudia la médecine. Il demeura actif sur la scène politique, luttant pour les droits et libertés. En 1998, il fut décoré de l'Ordre de l'Aigle blanc, la plus haute distinction honorifique de Pologne.

Le monument à la mémoire des héros du ghetto de Varsovie

Ce monument érigé en 1948 est l'œuvre de Nathan Rappaport. Il se trouve à Varsovie, dans la rue Zamenhova, là où eut lieu l'une des batailles principales du soulèvement. Mordechai Anielewicz est représenté au centre, une grenade à la main.

Le parrainage

Gabrielle Selina Reingewirtz Samra
Montréal, 2007
C'est par un matin frais, mais ensoleillé, d'avril 2007 que Gabby Samra, une fille de 12 ans, se présenta devant un auditoire de 400 amis, parents et membres de sa communauté à sa synagogue montréalaise pour la célébration de sa Bat Mitzvah. Cet événement constituait le point culminant de plus d'un an de travail à apprendre et à étudier les prières et les bénédictions en hébreu qu'elle était sur le point de réciter. En outre, Gabby avait passé quelques mois à chercher de l'information sur une fillette juive qui n'avait jamais eu la chance de célébrer son propre passage à l'âge adulte. Comme tant d'autres enfants juifs, la fillette avait, pendant la guerre, été tuée à Auschwitz, l'un des pires camps d'extermination créés par Adolf Hitler. Elle s'appelait Chaya Leah Dragun.

Le frère aîné de Gabby, Mikey, avait célébré sa Bar Mitzvah quelques années plus tôt, et il avait participé à un programme de parrainage. Quand ce fut au tour de Gabby d'étudier en vue de sa Bat Mitzvah, il sembla naturel à sa mère qu'elle trouve, elle aussi, une façon d'honorer et de parrainer un enfant juif de la guerre.

À l'occasion de la Bar Mitzvah de Mikey, la mère de Gabby avait recherché, dans une base de données sur l'Holocauste, une famille originaire de la même ville polonaise que son propre père. Elle avait trouvé la famille Dragun ; Abraham Dragun avait survécu à la guerre et vivait en Israël ; il lui avait fourni des renseignements sur sa famille. À sa Bar Mitzvah, Mikey avait rendu hommage au jeune frère d'Abraham, Yitzhak Yaakov Dragun. Sa sœur, Chaya Leah, devint la « filleule » de Gabby à sa Bat Mitzvah.

Née à Zuromin, une petite ville à 96 kilomètres de Varsovie, en Pologne, Chaya Leah avait été forcée de déménager dans le ghetto de Varsovie quand les nazis avaient occupé Zuromin au début de la guerre. Ils y avaient passé trois ans, endurant la faim, la maladie et la peur constante de ce qui risquait de leur arriver. En 1942, Chaya Leah et sa famille avaient été envoyés au camp de concentration d'Auschwitz. Elle avait été conduite aussitôt à la chambre à gaz.

Avant sa Bat Mitzvah, Gabby en savait déjà passablement sur l'Holocauste, période qu'elle avait étudiée en sixième année. Elle avait effectué quelques travaux de recherche, visité le musée de l'Holocauste de sa ville et même essayé de trouver quelques histoires concernant des enfants de son âge ayant vécu à cette époque. Mais apprendre des choses sur Chaya Leah dans le cadre du programme de parrainage lui permit de former un lien personnel avec quelqu'un de son âge originaire de la ville natale de son grand-père. C'était comme créer un pont entre deux familles et deux jeunes filles ; c'était comme unir le passé et le présent.

Il est toujours difficile de trouver de l'information sur les enfants de l'Holocauste. À moins que des membres de la famille aient survécu pour transmettre des souvenirs, l'histoire des enfants est à jamais perdue. Gabby, elle, eut la possibilité d'entrer en contact avec le frère de Chaya Leah, Abraham. Il lui donna quelques-unes des pièces manquantes de la vie de Chaya Leah : il lui dit à quoi elle ressemblait, quels étaient ses centres d'intérêt, comment elle vivait avant et pendant la guerre... Gabby parla avec Abraham et avec sa fille. Elle écrivit des lettres et imprima une brochure décrivant ce qu'elle savait de Chaya Leah, et la brochure fut distribuée pendant sa Bat Mitzvah. Le fait de posséder une photo de la famille Dragun représenta un atout supplémentaire pour Gabby. Elle put mettre un visage sur le nom de Chaya Leah et établir un lien de plus avec son histoire

Il reste pourtant bien des aspects que Gabby ne put élucider. Aujourd'hui encore, elle se demande comment Chaya Leah se sentait, elle qui savait qu'elle allait affronter sa mort. Elle se demande à quel point elle avait peur, et ce qu'elle pensait. Ce sont des choses que nous ne saurons jamais à propos des enfants qui n'ont pas survécu.

Malgré cela, Gabby réussit à honorer Chaya Leah d'une manière émouvante. Voici ce qu'elle dit dans le discours qu'elle prononça à sa Bat Mitzvah :

« Quand je pense à Chaya Leah Dragun, la fille polonaise que je parraine pour ma Bat Mitzvah, je me rappelle que la plupart des membres de sa famille et elle ont trouvé la mort pendant l'Holocauste à cause du poison de l'antisémitisme, un poison qui s'est répandu, au début, par la répétition de mots haineux. Bien sûr, l'antisémitisme et la Shoah (l'Holocauste) impliquent bien plus que de simples mots, mais les mots méchants sont souvent suivis par des actes méchants. Tout comme de nombreux petits flocons de neige peuvent se transformer en une avalanche dangereuse, les mots peuvent devenir plus gros, plus terrifiants... Parfois, il est impossible d'arrêter les mots, et alors des gens innocents comme Chaya Leah souffrent et meurent. Nous devons faire très attention à ce que nous disons et à notre façon de dire les choses. Ma grand-mère me répétait ceci : " Si tu n'as rien de gentil à dire, alors ne dis rien. " Je pense qu'il serait bon d'adopter cette règle. Pourquoi ne pas tous essayer de la suivre ? »

Dexter Glied-Beliak
Toronto, 2005
« Je suis un petit-fils de survivants de l'Holocauste », dit Dexter Glied-Beliak dans le discours prononcé devant la communauté à l'occasion de sa Bar Mitzvah, en 2005. C'était le 26 février, 10 jours après son véritable treizième anniversaire, et il s'adressait à un auditoire composé de membres de sa famille

et d'amis rassemblés à la synagogue Beth Tzedek de Toronto. Ce jour d'hiver là, la météo était clémente : aucune tempête de neige n'était venue troubler cet événement particulier.

La présence de Bill Glied, le grand-père de Dexter, donnait encore plus d'importance à cette célébration. Pour cet événement, Dexter avait choisi de commémorer et d'honorer un enfant mort pendant l'Holocauste. Et cet enfant était la sœur de son grand-père, Aniko Glied.

Aniko était née le 26 août 1936 à Subotica, en Yougoslavie (en Serbie). Elle était surnommée Pippi par sa famille. C'était une fillette douce et tranquille, dont le beau sourire chaleureux illuminait la pièce où elle se trouvait. Elle avait de longs cheveux foncés qu'elle tressait et attachait par de grosses boucles de ruban blanc. Pippi jouait du piano et allait à l'école publique. À Subotica, la famille Glied fréquentait la grande synagogue du centre-ville. Des 100 000 citoyens de Subotica, environ 6 000 étaient Juifs. Ils étaient, pour la plupart, des membres de familles nanties œuvrant dans le domaine de l'agriculture ou, comme les Glied, dans des meuneries. La richesse et la liberté de ces familles avaient rapidement commencé à disparaître en 1941, avec l'escalade de la guerre. En 1944, tous les Juifs de Subotica avaient été envoyés dans un ghetto puis, peu après, au camp de concentration d'Auschwitz. Pippi et sa mère avaient été conduites aussitôt à des chambres à gaz. Bill fut l'un des quelque 400 survivants juifs de Subotica.

Il ne parlait jamais beaucoup de ce qu'il avait vécu pendant la guerre. Comme de nombreux survivants, il trouvait trop douloureux d'évoquer cette époque et ce qui était arrivé à sa famille. Il lui arrivait même de se sentir coupable d'avoir survécu alors que sa sœur, ses parents et tant d'autres avaient péri. « Je construis un pare-feu autour de ces souvenirs », disait-il. Il répugnait particulièrement à partager son histoire avec ses enfants et ses petits-enfants.

C'est la mère de Dexter qui eut l'idée de faire participer celui-ci à un projet de parrainage à l'occasion de sa Bar Mitzvah. Dès qu'elle lui en fit part, Dexter eut envie de faire quelque chose. Il connaissait l'Holocauste, ayant beaucoup appris sur le sujet à l'école. Et il s'était toujours senti attiré par les histoires des survivants et des victimes de cette époque. Mais il ne savait pas grand-chose des expériences vécues par son grand-père. C'est ainsi que débuta son voyage dans le passé, à la recherche de l'histoire de son grand-père et de Pippi.

Dexter commença à rencontrer son grand-père, à lui poser des questions sur sa vie avant et pendant la guerre, et à recueillir le plus d'informations possible sur sa jeune sœur. Le plus dur pour Dexter fut d'apprendre ce qui était arrivé à Pippi après la déportation de sa famille à Auschwitz. Son grand-père ne l'avait jamais revue après leur arrivée au camp d'extermination.

Il se rappelait la lumière aveuglante du soleil matinal quand les portes du wagon à bestiaux s'étaient ouvertes. Tout de suite après, on leur avait ordonné de sortir et on les avait séparés en deux files. Pippi et sa mère avaient été envoyées à droite et, immédiatement, à la mort. « Je ne leur ai jamais dit adieu, dit Bill à Dexter. Je ne les ai jamais revues. »

Dexter fut bouleversé et indigné en écoutant cette histoire. Ayant lui-même deux frères cadets et une sœur aînée, il ne pouvait imaginer perdre un membre de sa famille de cette façon. « J'ai l'âge que mon grand-père avait quand cela lui est arrivé, dit Dexter. C'est injuste de penser qu'une telle chose ait pu se produire. »

Dexter était grand, il s'exprimait bien, il avait un sourire chaleureux, et des cheveux foncés et bouclés. Athlétique, il pratiquait plusieurs sports : le hockey, le basket-ball, la natation et le ski nautique. Mais sa vraie passion était la musique, et il en écoutait de tous les genres, du classique au country. Il avait toujours été proche de son grand-père, à qui il ressemblait, mais ils s'étaient encore rapprochés depuis qu'il avait parrainé sa grand-tante. Quelque chose de remarquable s'était produit pour le grand-père de Dexter. Même s'il trouvait toujours douloureux de parler de son histoire, il croyait que ce parrainage avait été un événement joyeux : « Grâce à mon petit-fils, il y a désormais des voix pour transmettre mon histoire. »

Dexter pensait comme lui. Il conclut son discours

à la synagogue par ces mots : « En célébrant ma Bar Mitzvah, j'ai choisi d'honorer une personne morte pendant l'Holocauste, parce que je sens qu'il est de mon devoir de ne jamais oublier. »

Remerciements

Il y a plusieurs années, Margie Wolfe, de Second Story Press, m'a donné l'idée de ce livre. Elle avait assisté à une cérémonie de parrainage à l'occasion d'une Bar Mitzvah et, selon elle, cela constituait un merveilleux début de roman. Cette idée fut un vrai cadeau, et je la remercie pour cela et pour bien d'autres choses. Margie s'est révélée un mentor et une amie extraordinaire tout au long de ma carrière littéraire. Je l'ai déjà remerciée à plusieurs reprises dans le passé, mais ce livre me donne une fois de plus la possibilité de lui exprimer ma gratitude pour tout ce qu'elle a fait.

Peter Carver a su poser sur ce projet un regard expérimenté, et je lui exprime ici toute ma reconnaissance. Ses commentaires pénétrants et sensibles m'ont amenée à réfléchir avec rigueur à l'intrigue et aux personnages. Ce fut un privilège de collaborer avec lui et de l'avoir comme réviseur.

Je remercie Carolyn Jackson, qui a revu le texte final, Melissa Kaita, pour la conception de la couverture et la mise en pages, ainsi qu'Emma Rodgers, Phuong Truong et Barbara Howson, les femmes extraordinaires de Second Story Press.

Je voudrais exprimer ma profonde gratitude à Gabby Samra, à Dexter Glied-Beliak et à leurs familles, qui ont partagé avec moi leurs expériences de parrainage. Je remercie plus particulièrement Bill Glied, le grand-père de Dexter, qui m'a parlé de son histoire.

Merci à mon amie Marilyn Wise, qui m'a aidée à traduire la chanson yiddish.

Une grande partie de l'information sur le ghetto de Varsovie et le soulèvement qui y a eu lieu est tirée de plusieurs sources, dont le livre *Brave and Desperate: The Warsaw Ghetto Uprising,* de Danny Dor, Ilan Kfir et Chava Biran.

Le programme d'écrivains en résidence du Conseil des Arts de l'Ontario m'a généreusement accordé son aide financière pour ce projet.

J'ai un cercle d'amis personnels, d'amis écrivains et d'amis de la famille formidable. Je les remercie tous de leur écoute, de leur affection et de leurs encouragements.

Enfin et toujours, je voudrais remercier ma merveilleuse famille, mon mari, Ian Epstein, et mes enfants, Gabi et Jake. Tous trois ont lu les premières versions de ce roman, et leurs commentaires m'ont aidée à créer une histoire qui a du sens. Je les remercie pour leur honnêteté, leurs rires et leur amour.

Photographies

Adolf Hitler

Les gens vendaient des livres et d'autres objets dans le ghetto.

**Des hommes juifs ont construit les murs
du ghetto.**

Des enfants mendiaient leur nourriture dans le ghetto.

Les combattants de la résistance juive risquaient
de se faire arrêter par les nazis.

Les gens devaient faire la queue à la cantine
centrale pour recevoir leurs rations du midi.

Les garçons et les filles suivaient des cours, travaillaient au jardin, et montaient des pièces de théâtre et des concerts.

Des filles cousaient des vêtements à l'orphelinat.

Janusz Korczak prenait soin des enfants à l'orphelinat.

Dans le ghetto, chacun devait porter un brassard blanc avec une étoile de David bleue.

Les Juifs confectionnaient leurs brassards ou les achetaient de vendeurs ambulants.

Les gens essayaient de faire entrer clandestinement de la nourriture dans le ghetto.

Comme ils ne pouvaient pas aller à l'école, les enfants jouaient dans les rues.

De nombreuses familles juives fréquentaient autrefois la Grande Synagogue de la rue Tlomacki.

Des gens mendiaient leur nourriture dans la rue.

Tout le monde pouvait se faire prendre à voler.

Les rues du ghetto étaient bondées.

Les enfants souriaient même s'ils avaient froid et faim.

Les Juifs étaient rassemblés et conduits à Umschlagplatz pour être déportés.

Hommes, femmes et enfants montaient à bord de trains à destination de Treblinka.

Les nazis ont décoré l'entrée de Treblinka pour que l'endroit ressemble à une gare normale.

Il n'était pas facile de trouver un manteau chaud dans le ghetto.

À la gare, les Juifs étaient sur le point d'être conduits aux camps de concentration.

De jeunes hommes et de jeunes femmes faisaient partie de la résistance juive. Mordechai Anielewicz (à droite) était le chef de l'Organisation des combattants juifs.

Le ghetto était en ruine à la fin de la guerre.

Les combattants de la résistance juive gisent dans les décombres du ghetto de Varsovie pendant qu'on ramasse leurs effets.

Le ghetto de Varsovie, détruit après le soulèvement.

Janusz Korczak

Le monument à la mémoire des héros du ghetto de Varsovie

La famille Dragun. Chaya Leah, à l'extrême gauche, entoure de son bras les épaules de son jeune frère, Yitzhak Yaakov.

Aniko (Pippi) Glied
26 août 1936 – mai 1944

Vous avez aimé ce roman ?
Vous aimerez sûrement *Les espions de la nuit* de Kathy Kacer.

Gabi vit avec sa mère et son cousin Max dans un grenier. En cet hiver 1944, le pays est en guerre et, comme des milliers de Juifs, ils se cachent pour échapper à la terreur nazie d'Adolf Hitler, un dictateur brutal.

Un ami a accepté d'héberger secrètement Gabi et sa famille. Absolument personne au village ne doit être au courant !

Mais vivre sans faire de bruit, recroquevillé dans un tout petit espace n'est pas facile. Aussi, Gabi et Max attendent chaque nuit avec impatience pour pouvoir se glisser dehors et se dégourdir les jambes dans les bois.

Au cours d'une de leurs sorties nocturnes, ils rencontrent un groupe de résistants qui luttent pour faire cesser la guerre. Pour Gabi et Max, c'est le début d'une aventure passionnante. Mais serait-ce au péril de leur vie ?

Vous avez aimé ce roman ?
Vous aimerez sûrement *L'histoire d'Édith*
de Kathy Kacer.

En 1939, la guerre éclate en Europe. La terreur nazie d'Adolf Hitler, un dictateur brutal, domine. L'armée nazie pourchasse les Juifs dans toute l'Europe, les traque et les enferme dans des camps de concentration où des millions de personnes trouveront la mort. Désormais, les Juifs ne sont plus en sécurité nulle part.

Pour sauver leur vie, Édith Schwalb et sa famille doivent fuir de pays en pays. Quand le père est arrêté par les nazis, Édith trouve refuge dans une maison du village de Moissac, en France, où on garde secrètement des enfants juifs comme elle.

Comment Édith, séparée de ceux qu'elle aime, réussira-t-elle à survivre à la famine, au danger, à la peur, à la solitude ?